JN016866

会社法の
みちしるべ
第 2 版

大塚英明 著

--

Company law
Guidance
Hideaki Otsuka

はじめに

　現在の日本の会社法は，最先端の理論に基づき，すみずみまで完全な装備をまとっています。これでもかというほど詳細な条文群が，一分の隙もないほどびっしりと並びました（そのせいで条文が多くなりすぎ，とうとう商法という「親」法典から家出したほどです）。でも，そういう最新式の複雑な機械の操作パネルの前に座ると，なんだかわからない計器やスイッチが多すぎて，起動方法も調整方法も，はては止め方さえ，みっちりと「教育」を受けなければわからないことになってしまいました。たとえば，会社法295条の1項には，株式会社では株主総会というところで「何でも」決めることができると書いてあります。しかしその2項には，株主総会は限定されたこと「しか」決められないと書いてあります。モノゴトは順序のとおりに読むのがふつうですから，2項が「例外」なんだろうなと思いますよね。ところが，そうではなくて，株式会社の株主総会は，本来はなんにも決められないトコロのはずで，2項こそ「本則」なんです（理由は本書の **Part1** ですぐおわかりになりますよ！）。えっ，どういうこと？　ダメだこりゃ……。こんなことばかりだと，みなさん会社法を嫌いになってしまいますよね……。

　みなさんのスマートフォンやパソコンには，とっても面倒な取扱説明書がついていることがありますね。でも，そんなブ厚いものを読まないで，「すぐにお使いになりたい方へ」というペラペラな冊子の方を見るでしょう。会社法にもそんな一目でわかる「簡易版トリセツ」が欲しいと思いませんか？　そのような発想

から，この本を書くにあたっては，みなさんが会社法を楽しくイメージして「すぐに使う」ための基本構造・基本原則だけを選りすぐって説明することに集中しました。

　ですからこの本は，とくに会社法の条文の並び順にはまったく拘っていません（その順でやろうとすると，難解なお経を読まされるような苦痛がともないますから，よいこは絶対にやらないでください！）。それにともなって条文の番号の引用も最低限におさえています。それよりもこの本では，会社法についてぜひ知っておいていただきたい話題を，読みやすくストーリー化することに力を注ぎました。しかもそれぞれの話題は1話完結型の「**Unit**」にまとめてあります（さすがに **22 Unit** すべてを「30分モノ」にすることはできませんでした……。ちょっと長いものもあります。ごめんなさい）。でも，この会社法連続ドラマの主役はやはり株式会社クンですから，どうしても，「今回のヒーローの状況をご理解いただくためには，第×回をご覧下さい」的なトコロが出てきてしまいます。そのため，本文の中で「**Unit** ×で見たように……」という語をとても多く使っています。煩わしいと思わず，そのつどそのとおりに確認していただくと，ドラマをもっと楽しむことができます。それから，☕のシルシは「コーヒーブレーク」のためのコラムです。本文のストーリー展開とはちょっとはずれてしまうことや，本文をもう少し詳しく知っていただきたいことをチョコっと書き足しています（かえって「お休み」にならない内容もあるかもしれませんが，お許し下さい……）。

　この本は，経済学部や経営学部で選択科目として会社法を学ぶ方々，あるいは社会人になって会社法について一通りの「常識」を身につけたいと考えておられる方々に，とってもフィットする

と思います。もっとも，そのような方ばかりでなく，たとえば法学部や法科大学院の未修コースでこれから会社法を本格的にマスターしなければならない方々も，この本を読んでみてください。そして会社法の「幹」がどこにあるのかを明確にしておきましょう。そうすれば，そのあとで大きく張り出した「枝」やこんもり繁った「葉」を勉強していくことが，とっても楽になるはずです。

　なお，有斐閣編集部の藤本依子さんにはこの本の構想を早い時期から支えていただきました。また，同編集部の山宮康弘さんと吉田小百合さんのお二人には，この本の執筆にほとんど「共著」としてもいいほどの多大なるご助力をいただきました。みなさんに深く御礼申し上げます。

　　2016 年 2 月

第 2 版刊行にあたって

　会社法という「砂漠」のオアシスをめざして作ったこの本，おかげさまで，発刊以来多くの人々にご共感いただくことができました。けれども，何度も読み直してみると，「ここはちょっと違うかな」とか「ここはもっと解りやすく説明したいな」と思う箇所が目につくようになりました。そこで，気になった部分を改訂することにしました（チョコチョコと全体に手を入れましたが，とくに **Unit 5** と **Unit 12** は大幅に刷新しました）。この第 2 版も，これまで以上にご愛顧いただけると幸いです。

　　2020 年 8 月

大 塚 英 明

もくじ

Part 4　さあ，総仕上げ！──会社をめぐるバトルの展開

Part 1

はじめの一歩

Unit 1　「企業」ってなに？

2つのテーマ

　最近，大学の「会社法」の講義シラバスを見ると，講義の内容は大きく2つのテーマに分類されることが多いようです。1つは「コーポレート・ファイナンス（会社の資金調達）」，もう1つが「コーポレート・ガバナンス（会社の統治）」です。かく言うこの本も，ちゃっかりこの2大テーマに沿って話を進めることにしましょう。

　会社法を講義する側にとっては，この2つのテーマに即して語るのはとても便利です。でも，そればかりではなく聴く側もこの2つのテーマをしっかり意識すれば，一見するととても雑多に感じられる会社法のいろいろな問題をすっきりと整理して理解できるようになります。ですからファイナンスとガバナンスの2つは，会社法の「みちしるべ」としてとても重要なんです。

　しかし，これら2つの言葉もしょせんはオタク用語でしょう（この頃は日経新聞などでも頻繁に登場しますが……）。ですから，はじめて会社法に触れようとしているみなさんには初耳かもしれませんね。ファイナンスとガバナンスって，いったい何なのでしょうか。そして，これから入ろうとしている会社法という広大な砂漠に，どうしてこの2つのみちしるべがあるんでしょうか。この疑問に答えられれば，「会社」の存在意義，そしてそれを規律する「会社法」の役割がストンと腑に落ちます。みなさんが砂漠で干上がることのないように，この本の冒頭のUnitでは，ファ

イナンスとガバナンスの基本を十分に理解しましょう。さあ，オアシスをめざして砂漠に踏み込むことにします。

 もとでと儲け

　みなさんは，民法という法律をご存じだと思います。民法の目的はとても簡単で，ずばり，「人の日常生活をサポートすること」です。スーパーで食材を買えば「売買契約」，アパートを借りると「賃貸借契約」，バイトをすると「雇用契約」，枚挙にいとまがありませんが，およそ民法のお世話にならずに日々を暮らしていくことはできません。

　それに比べて，この本でこれから見ていく商法とか会社法は，一生そのお世話にならずに暮らしていくことも可能です。というより，世の中「商法・会社法とは無関係な人生」を送る人の方が圧倒的に多いのではないでしょうか。なぜなら，商法・会社法は民法と違って，ある特別な社会活動だけをターゲットとする法律だからです。すなわちそれは，「儲ける」という社会的な営みです。儲けるとは，もとで（元手）を増殖して儲け（利益）を生み出すことをいいます。

　ちょっと注意していただきたいのですが，「働いて賃金を得る」という活動は，この「儲ける」ことには該当しません。よく揶揄されることですが，サラリーマン・サラリーウーマンはそもそも「企業」（このあとすぐに説明します）という儲けるための組織体の歯車です。歯車を回すために莫大なコストをかけてしまうと，企業は儲かりません。

提供する製品やサービスの「原価」が高くなりすぎて，利益があがらないからです。したがって，企業ができるだけ儲けようとすれば，反比例して給料（人件費）というコストをどんどん削らなければならないわけです（あまり低すぎると労働者のヤル気が殺がれ，その企業では生産性が低下してしまいます。それも困りますから，労働の報酬である給料は，ちょうどヤル気を維持できるギリギリ最低限という絶妙なバランスで決められます）。この理屈から，「給料貰いすぎ，ラッキー！」という状況は決して生じないわけです。なんだかサラリーマン・サラリーウーマンの夢を壊してしまうようで，ちょっと気が咎めますが。ともあれ，今の世の中，サラリーパーソンは多数派ですね。だから商法・会社法と縁遠くなる人が増えるわけです。

古典的な「商人」

　儲けることは人間の欲望の1つですから（というより最も根源的な「欲」なのではないでしょうか），かなり古くから社会の特別な営みとして注目されてきました。中世ヨーロッパの封建社会は基本的に農業によって成り立っており，農民同士に領地を越えた交流はありませんでした。当時の農耕生産活動はもとでとなる財産を増殖させるわけではありませんから，いうまでもなく儲ける

活動ではありません（それどころか，中世の農奴は貧困に喘いでいましたよね……）。

　そのような中，一部のどん欲な人々は，豊作の地で余った農耕生産物を安く仕入れて，不作の地で高く売りさばくことに目をつけました。これに継続的・計画的に専従するようになった

のが，古典的な「商人」です。この「安く仕入れて高く売りさばく」という行動は，農耕生産物に限らず「A地で珍しいモノを仕入れてB地で高く売りさばく」ことに拡大していきました。世界史で習ったことがあると思いますが，15世紀に始まる大航海時代で中心的役割を果たした「胡椒貿易」などもこれに含まれます。ですから，まず儲けることの筆頭に置かれるようになったのは，この「安く仕入れて高く売りさばく」という活動でした（仕入れ価格と販売価格の差が「儲け」ということになります）。

　次に「儲ける」の範囲は，この商人の活動を円滑にするための補助的な営みにまで拡張されます。補助とはいっても，のちに大いに幅をきかすようになった銀行業。当初それは，通貨が異なる封建領土をまたいで交易する商人に両替を提供するための業者でした（両替商）。また運送業者，倉庫業者（寄託）あるいは商事代理人と仲立人（両方とも言語の異なる地で交易する商人のための通訳兼交渉代理人がルーツなんです）なども補助的な意味で「商人」の仲間に放り込まれました。

 なんでヨーロッパ？

　実は，安く仕入れて高く売りさばくことで儲けていた商人は，すでに古代中国や古代イスラム世界にも，さらには江戸時代の日本にもいました。そんな中，なぜ中世ヨーロッパがルーツなのでしょうか？　日本は明治維新のときに商法を含め主要な法律をすべてヨーロッパから「輸入」しました。そのため法的な起源もまたヨーロッパになってしまったのです。ただ，近代になってからの商法・会社法はアメリカの影響も強く受けるようになりました。

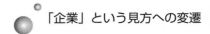

「企業」という見方への変遷

　もともと「儲ける」活動は，それ以外の社会活動とはかなり毛色が違います。これに従事した商人は，農民やキリスト教会などからは羨ましがられ反感をもたれてしまいます。でも，ときの為政者たちは，この商人の囲い込みにやっきとなります。なにせ，金があるもの！　封建社会から抜け出して中央集権国家を作ろうとした王様たちは，「儲けてるヤツら」の富を見逃すはずがありません。そこから税金をむしりとるために，そもそも何をやったら儲けることになるのかを，国をあげて（つまり法律として）突き詰めていく必要にかられます。その過程で，「安く仕入れて高く売りさばく」という中心的活動とその周辺にある各種の補助活動が，「儲けること」のはっきりとした概念として枠づけられるようになりました（これらを「商行為」といいます）。

 絶対的商行為

　安く仕入れて高く売りさばくことは，行為自体にあまりに「儲け色」が強すぎて，「商人」以外に前述したサラリーパーソンなどが単発的に行っても，絶対に「商行為」つまり儲ける行動と判定されます（商法501条）。えっ？　希少なDVD見つけたから，友達にちょっとプレミアつけて売ろうと思ったのに……。でもご安心（？）ください。商法が適用されるのはその時だけ。こうした単発的行為はあまり真剣にとりあげてもらえません。やはり，儲ける行為を継続的・計画的にやる，つまりそうした行動にドップリと浸かった活動主体こそ，商法・会社法の本来の適用対象とするにふさわしいのです。

　でも，世の中で社会活動，とりわけ経済活動がもっともっと活発になっていくと，儲けようとする人々が従事する活動も多様化します。とくに産業革命以降，もはや列挙することができないほど「儲かりそうなこと」が増えました。いえ，むしろ真実が判明したと言った方が正確かもしれません。つまり，世の中のもろもろの活動には，はじめから「儲ける」という色が着いているものとそうでないものがある，というわけではなかったのです。実は，どんな活動でも「やり方」しだいで儲ける活動に変身するということがわかってきました。あらゆる活動に「儲かり色」がうっすらと透けて見えます。そんな中で，ある活動だけをピックアップするという従来の方法には意味がなくなってしまいました。

　そこで，儲けるという概念の把握方法も巧みに変化します。「やること」がどんなものであっても儲かり色をくっきりと浮き出させるのは「やり方」しだい，つまりやり方にこそ注目しなければなりません。視点の転換です。でもよく考えるとこれは，むしろ本質に戻ったと言うべきでしょう。前に見たとおり，儲けるとは，もとでとなる財産を継続的・計画的に増殖させて利益を得ることなのですから，本来は「やること」の内容的特徴（たとえば「安く仕入れて高く売りさばく」行為とか「銀行」業とか……）とは無関係なのです。

　「儲ける」のこうした新しい捉え方を，「企業」的アプローチといいます。そして，このような儲けるやり方をとっている主体を企業と呼びます。企業という見方が定着したので，かつての「商人」という捉え方よりも，むしろ「儲ける」ことの本質がよくわかるようになりました。

儲けるために

　さて，それでは，このような企業の維持・発展に重要な要素は何でしょう。それは，①もとでをどうやって確保するか，そして②もとでをどのように活用して儲けに結びつけるか，の2つです。

　儲ける「やり方」に注目したおかげで，どんな「儲ける」活動にも共通する最大公約数的な要素が導かれたわけです。つまり「儲け方」ですね。もとでとなるお金（財産）を用意してなるべく効率的に活用していくこと，これこそ，儲け方の最大の秘訣です！　って，そんなに興奮するまでもありません。なーんだ，あったりまえのことじゃん……。儲けたいヤツらは，みんなお金を用意することに苦心します。用意したらしたで効率的に活用することに苦労します。この2つさえうまくいったら，誰でも儲けることができますよね。だから，儲けたいと願う「企業」は，とても難しい「もとでの確保」と「その効率的活用」に「うーん，うまくいかないなァ，でもがんばらなきゃ……」という気持ちで集中するようになりました。

　本書でこれから語っていく「株式会社」を含め，会社は企業の典型です。会社は，寝ることもなければ食べることもなく，恋愛も結婚もしません（どうしてなのかは，**Unit4** と **Unit5** で説明します）。ただひたすら「儲ける」ことだけに専心します。そのため，会社ではこの2つの本質が他のどんな形態の企業よりも鮮明に浮かび上がってきます。

①は，もとでとなる資金をどのように調達するか＝ファイナンス（資金調達）という形で，②は，そのもとでを最も効率的に活用できる仕組みはなにか＝ガバナンス（会社統治）という形で，問題とされるようになりました。

　おわかりになりましたか。ファイナンスとガバナンスはなにも株式会社だけに限った要素ではありません。やり方に基づいて「儲ける」を理解しようとするとき，必ず導き出される「企業」の本質的な２大ベース概念だったわけです。

Unit 2　もとでを集める
——株式会社のファイナンス

1　出発点は資金の集積

「調整」不要の個人企業

　Unit 1 では「会社」という語もチラホラ登場しましたが，まだ会社について本格的に立ち入ったわけではありません。そのもっと手前の段階，つまり「儲ける」ということの本質を見てきたのです。ここであらためて確認しておくと，現代の「儲ける主体」は「企業」と呼ばれます。そして企業とは，「もとでを継続的・計画的に活用して効率良く儲けを求めていく活動体」のことです。そして，あらゆる企業に共通する第1テーマはファイナンスでしたね。もとでをどうやって用意しよう……。

　もちろん，1人の人が企業になることも当然に可能です。大金持ちになれば，あたりまえのことですがファイナンスの壁をクリアすることができます。誰の手も借りずにもとでを用意しましたから，儲けが出たらもちろん独り占め！（もっとも，損が出たら一人泣き……）。おいしいですね！　とても悔しいけど，周りの貧乏人は指をくわえて羨ましがるほかありません（でも大損したらザマーミロ……）。しかし，そんな大金持ちの個人，みなさんの周りに現実に存在しますか？　マンガか小説の世界ですよね。

　もう1つ，1人だけで企業になる方法があります。ソコソコのもとでを使って，ソコソコの儲けを出そうと割り切ればよいので

す。「このぐらい儲かればいいや」と，企業としてめざす目標を謙虚に設定します。こちらのタイプの企業は，現実にとても多く存在します。街の八百屋さんや肉屋さん，角のたばこ屋さんは，みんなこれに属します。ただ，周りの人々は，いつも行く定食屋さんが儲かって改装したからといっても，それほど羨ましいと思いませんね（逆にその定食屋さんがジリ貧になると，ザマーミロどころかとても心配になります）。それは「儲ける」の規模が小さすぎるからです。

　これら2つのタイプを「個人企業」といいます。でも，法律はこれらを相手にホンキは出しません。だって，自分の財産を煮て食おうが焼いて食おうが，持ち主の勝手でしょ。もとでの調達になんの「調整」も必要としない企業には，商法・会社法が干渉する余地はとても少ないのです（ただし，**Unit 8** で見る「個人企業の法人成り」の問題には注意して下さい）。

● ヤルちゃん・ノルちゃんのユニット型企業

　これら個人企業ばかりだと社会の儲けるための活動の範囲はとても狭いものになってしまいます。大金持ちなんてほとんどいないし，街なかの「××屋」さんたちは規模が小さいし……。そこで，儲ける活動を活発にして社会全体を盛り上げていこうとすれば（資本主義というのはもともとそれを目的としています），もっともっとイロイロな工夫をして，企業の活動（これからこのことを事業と呼ぶことにします）にたくさんのお金を取り込んでいく必要があります。ですからファイナンスは，必ず「もとでを集結して大きくしよう」という方向に発展していきます。そしてそこには必ず人と人との絡みが出てくるのです。

　　　　　ふつう事業は,「言い出しっぺ」が始めます。ところが,その人のもとでだけでは足りないので,もとでの積み増しを他の人(たち)にもお願いしようということになります。最も自然な「もとで集め」の方法は,歴史が示しているとおり,この「言い出しっぺ」vs「お金の出し手」の駆け引きから始まります。事業を積極的に計画して推進するという意味で,前者を「ヤルちゃん」,事後的にその活動にお金を出して乗っかるという意味で,後者を「ノルちゃん」と命名しましょう。ヤル・ノルのユニットから成る企業の登場です。ヤルちゃんは,「これこれしかじかのことをやろうと思っているんだけど,儲かると思ったらどうかお金を出して下さい!」と,ノルちゃんの前で熱唱します。ノルちゃんは,にやにやしながら「どーしよっかなぁー」と焦らしている。そんな構図を想像してみて下さい。

匿名組合と合資会社

　歴史的に最も古いヤル・ノルユニットは,コンメンダとかコンガレチアとか呼ばれるものです。中世の時代でも,船で交易をしようと思えば規模がとっても大きくなります。1人の「商人」だけではとても交易船を仕立て上げることはできません。そこで,言い出しっぺが,「こんど,インドの方にいって胡椒とか香料とか仕入れてこようと思うんだけど……。みんなノらない?」とやるわけですね(ちゃっかりノルちゃんのもとでだけでやったのがコンメンダ,ヤルちゃんももとでを出したのがコンガレチア)。この歴史的ユニットは,現在の商法・会社法でも,「匿名組合」,「合資会社」として生き残っているのです。驚きですね。

かくしてヤルちゃんの事業プランは大成功！ ジャラジャラ儲けが出ました。でも，ヤルちゃんは儲けを独り占めすることはできません。もとでを助けてくれたノルちゃんには「分け前」をあげなければなりません。もともとノルちゃんのお目当てはこの分け前ですからね。つまり，自分の欲を抑えてでもプランを大規模に実現したいヤルちゃんと，めんどくさい事業の運営は他人まかせで分け前にだけありつきたいノルちゃんの思惑が一致したところに生まれるのが，ヤル・ノルのユニット型企業なのです。

 「貸す」と「ノル」

ヤルちゃんの事業に資金を提供するには，お金を「貸す」という方法もあります。それはここでいうノルとのような違いがあるのでしょうか。ノった場合には，そのお金を提供した人は，事業の成果をそのままの形で受け取ります。事業が大成功だった場合，儲けが多ければ多いほど，分け前も増えます！ 20%の利益をもらえるノルちゃんは，儲けが100万円なら20万円，500万円なら100万円ですから。それに対して，貸した人は，貸した金額の利息という一定金額しかもらえません。どんなに儲かろうが，約束の利息だけ……。逆に，事業が破綻したとき，ノルちゃんはこの負の成果も受け取ります。つまり出したお金は返ってきません。それに対して，貸した人はたとえ事業がうまく行かなくても，貸したお金は全額返ってきます。もっとも，破綻した企業の再生を容易にするなどのために，貸したお金の元利をそのまま再建を目指す会社のもとでに転化させてしまうこともあります（デット・エクイティ・スワップといいます）。ですから，現実には両者を隔てる壁がそれほど高いというわけではなさそうです。

ベンチャー企業

　このユニット，決して過去の遺物ではないんですよ。現代でも，「ベンチャー・ビジネス」はこのヤル・ノルの組み合わせで成り立ちます。

　ある技術者（起業家）が，次世代エコカーである EV 車（電気自動車）の心臓といわれる大容量電池を安価でつくるテクニックを開発し，そのプラントの設計図まで完成しているとしましょう。しかし実際に試作・製品化・販売にこぎつけるにはとてもじゃないですが資金が足りません。そこでこの技術者は，足りない資金をなんとか調達しなければなりません。そこに，この大容量電池の「事業化」にたいへん興味を持っている金持ちがいるとしましょう。この人は技術者ではありませんが，儲かることには鼻がききます。そこで，「このもとでを存分に利用してね。その代わり儲けが出たらその○○ % はちょうだいね」という形でポンとお金を出します。こういう人をベンチャー・キャピタリスト，あるいはエンジェルと呼びます。この結果，技術者はその計画を実現して事業を立ち上げることができ，またエンジェルは，事業がうまく軌道に乗れば，大きな儲けを得ることができます。

2　株式会社のもとで形成

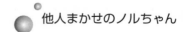
他人まかせのノルちゃん

　さて，いよいよここから本書の核心である「株式会社」というモノの本質に踏み込むことにしましょう。

　そもそも儲ける活動なんていうのは，とかくめんどくさいもの

です。事業の内容を隅から隅まで知り尽くして，いざ始めたら次々と降りかかってくる火の粉を払いながら（経営の管理），企業全体の財産の保有構造にも目を向け（財務の管理），社会全体を襲う金融危機のような予想困難な状況にもめげず（危機管理）……。気が遠くなりそうです……。その実際の事業運営にはあまりかかわりたくないけど，儲けだけはもらいたいな……。ちゃっかりしていますが，こういう人は大勢いますよね。これがノルちゃんの予備軍です。

このようなノルちゃん予備軍，実は2つのタイプに分かれます。「他人まかせで儲けたい」という点では共通するのですが，一方は，①はじめから虎視たんたんと儲けることにお金をつぎ込もうと思っているタイプと，他方は，②企業にお金を出してみようかなとフッと思いついたタイプです。順序だてて説明していきましょう。

まず，①のノルちゃんです。この場合，ノルちゃんの出すもとでは，「もともとなんらかの事業に使われるべきだったお金」です。ちょっとおかしな言い方ですが，こう考えて下さい。儲かる活動が単純なうちは，どんなことでもやろうと思えば自分でできるかもしれません。しかし，事業活動が複雑多岐にわたると，「商人」または「企業」であったとしても，自分の「専門外」の事業についてはあまり詳しいことがわからないという事態が生じることになってしまいます。

でも，「専門外」の事業にも儲かりそうな臭いがプンプンしています。もとより儲けることには敏感な人たちですから，この臭いを容易にかぎつけてやってきます。このとき，「あぁ残念！この事業，あまりよくわからないからなぁ……」とあきらめてし

まうでしょうか。いえ，儲けることにどん欲な商人・企業は，こんなときこそ「ノル」という方法で儲けを得ようとします。そういう人たちの資金は，もともといずれかの「儲かる活動」には投下されるはずのお金だったわけですよね。ですから，このタイプのノルちゃんは，本質的に「企業活動の世界」に暮らしているといってよいでしょう。

 虎視たんたん型ノルちゃん

　　昔の「商人」はみんな，もし自分がその事業を推進できないならお金を出してノルぞ！　と臨機応変に儲けることに参加していました。ヤル・ノルユニットの代表格，匿名組合（12頁のコラム）でノルのは，だいたいこのような虎視たんたんと利益を求める商人たちでした。さて，現代ではどうでしょう。自分でも事業を成功させながら他の方面にも「事業展開」を怠らないソフトバンクの孫社長，もっぱら様々な事業への資金提供ばかりを専門に行っているウォーレン・バフェット氏などが，さしずめこのタイプのノルちゃんと言えるかもしれません。もっとも今の世の中では，虎視たんたん型ノルちゃんは，個人としてではなく「ファンド」などの組織を通じてヤルちゃんの事業にお金を提供することが圧倒的に多いようです。

庶民が「ノル」ということ

　ところが，「ノル」というもとでの集め方は，企業の世界により大きなインパクトを与えることになりました。大げさな言い方をすると，企業活動の世界と「一般世間」との間にとても太い「パイプ」を通すことに成功したのです。

Unit 1 で述べたように，今の世の中，企業とは無関係な生活を送っている人の方が圧倒的に多いでしょう。日頃は事業と無縁の世間にいる「庶民」は，儲けたいと思っていても，容易に企業世界に飛び込むことはありません。サラリーパーソンを退職して「起業した」人，あるいは専業主婦の起業，ときどきドラマにもなりますが，これはとても大変なことだからこそ話題になるわけです。ふつうの人は，儲けを夢見て今の安定した生活を捨てることはまずありません。

しかし，お金を増殖したい＝儲けたいと思う気持ちは，事業とは無縁の世界にいるサラリーパーソンや専業主婦や学生など一般庶民にももちろんあります。自分で飛び込まなくても，誰かがやっている事業に「ノル」という形で拠出すると，このお金も「事業のもとで」になるわけです。

うわっ，紙一重だったね！

でも，この人たちは，虎視たんたん型のノルちゃん以上に，事業の内容などまったくわからないでしょう。なにせ，「事業」は，この人たちの日頃の生活とはまったく畑ちがいのところで行われていますから。

それではなぜノろうなどと考えるのでしょうか？　その秘密は，このタイプのノルちゃんが持っているお金の性質にあります。日々カツカツの生活を送っている人は，ノろうなどとは絶対に考えません。「事業？　なにそれ，美味しいの？」という状況でしょう。ですから，ここでノルちゃんになれるのは，日常生活で多少余裕がある人に限られます（給料日が明日なのに，まだ財布に 3 万円残っている人とか。羨ましいね……）。かといって，余裕はあ

くまで日常生活上のコトであって，「さあ，これから俺の人生の
すべてを注ぎ込むぞ！」と事業に乗り出すほど大きな余裕ではあ
りません。つまりこのタイプのノルちゃんは，生活の糧を稼ぐ自
分の仕事は危険にさらすことなく，「この余裕，増えればいいな」
とイロケを持っている人なのです。

　虎視たんたん型ノルちゃんとは違い，このタイプのノルちゃん
は，ぜがひでもこの余裕資金を増殖させなければならないと思い
詰めているわけではありません。こういう人は，「この余裕でむ
しろ日常生活を潤わせよう」と考える可能性も高いわけで（第1
の選択肢），そうなると企業世界とは関係を持たないままに，「豊
かな」日常生活を送ることもあります。その一方で，この人が潜
在的に持っている「儲けたい」という気持ちがフッとこの余裕資
金に結びつくと（第2の選択肢），事業に「ノル」という形でそれ
が企業のもとで形成に参加する運命をたどるわけです。要するに，
このタイプのノルちゃんのもつ余裕資金は，事業のもととなる
かならないかが，まさに紙一重の境界に置かれています。

　株式会社のもとでは，このような②タイプのノルちゃんたちか
らの集積によって成り立っているのです。

● 株式会社の重要性

　これは一大事です。なぜなら，現実の社会では，企業の世界に
暮らしていない人たちは，事業の世界で日々血眼になっている人
たちよりも圧倒的に数多く存在しています。そのため，この圧倒
的多数の人々から事業のためのもとでが集まるようになると，塵
も積もれば山となります！　企業世界の住人だけが集積したもと
でを遥かにしのぐ金額の事業資金を形成できるようになるのです。

　紙一重の状態に置かれている市井（しせい）の人々の余裕資金，「遊休資本」と呼ばれます。遊休資本なんていう呼び方，失礼だと思いませんか。「キミの財布の中身は遊んで休んでるね！」なんて言われたらどうします？　「そんなことはないよ。これからデートで美味しいモノ食べて彼女のハートをがっちりつかむんだ！」って反論したくなります。この人は，上述した第1の選択肢をとりました。それによって，恋愛生活がとても潤ったわけです。それもよし！　でも，それではお金が「働いた」，つまり増殖することにはなりません。財布で遊んで休んでいたお金は，とうとうレストランで消費されて死んじゃった！　死亡資本です……。おいおい，じゃあ，どうすればいいんだよ。現代型の資本主義の世界では（日本も当然にこれに入ります），「企業の活動に投げ込むこと」こそ，お金を働かせる一番の方法なのです。そこで第2の選択肢！　企業が活発に成長すれば，お金がどんどん増殖されます。社会の中でそんな企業がどんどん増えれば，社会全体のお金が増殖していきます。これこそ，企業を中心に置いた資本主義の究極の姿なのです。

　ですから，株式会社制度は資本主義の根本的原理を最もよく反映するシンボル的な役割を果たします。すなわち，遊休資本という呼び名自体，「余分なお金があったら，素人さんでも事業のもとでに投下してごらんなさい」という誘導原理を体現しているわけです。株式会社が資本主義の権化である理由はここにあると言えます。

ヤルちゃんばっかり！

　企業の形態には，ヤル・ノルのユニットではなく，ヤルちゃんばかりから形成されるものがあります。これは「みんなでもとでを出し合って，みんなでやっていこうよ！」という単純な構図によるわけですから，理屈の上では，むしろとてもわかりやすい企業ですよね。たとえば，合名会社はその典型例です。

　ほかにも，合同会社とか有限責任事業組合（LLP）という企業形態がありますが，それらはヤルちゃんばっかりで作ってもかまわないし，ヤル・ノルユニットでもかまいません。とくに合名会社への参加者が無限責任（企業の損失が企業自体のもとでの額を上回るときに，全員が自分の財産の「持ち出し」をしなければならないこと）を負うのに対して，合同会社とLLPは参加者に有限責任（**Unit 8** 参照）が認められます。かなりオイしい企業形態ですね。

3　ノルちゃんばっかり

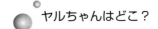

ヤルちゃんはどこ？

　もう1つ，株式会社のもとで形成にはとても奇妙な特徴があります。株式会社では，ノルちゃんだけで企業を始めます。えっ，誰が「言い出しっぺ」のヤルちゃんなの？　はい，イイダシッペはいません！　あくまで理論上は……。

　とても面白いことに，株式会社に遊休資本を出す人々はみんなで「相手のないお金の拠出」を行うことになっています（法律的には「合同行為」といいます）。大勢の見も知らないノルちゃんたちが互いに打ち合わせることもなく，たまたま同一の目的のため

にもとでとなるお金を出し合う，というのです。実際にはあり得ないですよね。

発起人

　さすがに誰もいないところに，ノルちゃんばっかりがお金を出そうとしても，ただウロウロしてしまうだけです。そこで設立手続きの整理役である「発起人」というのが置かれます。私は会社法をはじめて習ったとき，この発起人のことをイイダシッペのヤルちゃんだと勘違いしてしまいました。実質的にはともかく，法律上はあくまでこの発起人は，「事務屋」さんにすぎません。株式会社を設立するまでのめんどくさいことに音頭をとって，ウロウロしているノルちゃんたちに便宜をはかります。ノリ漏れ（ノルといったのに，お金を出さない輩がいたとき）のお世話をしたり，設立後のために社屋や工場を購入しておいたり（24頁コラム）……。そして会社が設立した後には，発起人が必ず雇われシェフ（31頁）になるとは限りませんから，ひっそりと表舞台から去ることもあります。なんておヒトヨシなやつなんだ！

　もっとも，実態としては，発起設立という発起人だけがノルちゃんになる場合もありますし，現物出資（発起人がお金の代わりに土地や建物あるいは工場などでノルこと）なんかもありますから，ヤルちゃん的な要素をかなり持つことがあります。

設立後

　株式会社がいったん活動を始めると，その株式会社という組織自体が「ヤル」側として認識されますから，その後で「ノル」側はじっくりと事業内容を吟味して最終的にノルかどうか決めることができます。したがって，いったん設立した後の株式会社では，ヤル・ノルユニットに近い捉え方をすることがで

きます（**Unit 10** 参照）。

● 遊休資本の集積——ノルちゃんは②型だった……

あらゆる企業は必ず誰かの必要に応じて現れるものです。だからきっと，実際には株式会社の設立を牛耳っている黒幕はいるんだと思います。でも，あくまで法はその黒幕を表には出してこないのです。株式会社の「設立」に，法がこうしたフィクション性を持ち込んだのはなぜでしょう。一口でいえば，お金の集積ということを「純化」させたかったのでしょう。「まず事業ありき，しかる後に金」ではなく，「まず金ありき，しかる後に事業」になっているのです。

そのわけは，株式会社に集められるもとでの特性から説明できます。株式会社に集められるのは，前に述べたように原則として「遊休資本」でしたね。呼び名のとおり，この資金はふだん，企業活動に流入してこないかもしれません。遊んで休んで，おいしいモノ食べたりきれいな服買ったり，消費世界でそのまま消える（死んじゃう……）。株式会社は，このようなお金を事業の世界に「くみ上げる」パイプとして生み出されました。

● とにかく株式会社を作ろう！

ヤル・ノルユニットは，原則的に企業社会の人々の間で結成されます。「ノル」側も虎視たんたん型ですから，「ヤル」側と丁々発止の腹の探り合いをします。そうすると事業がどんどん洗練されていきます。ここにこそこのユニットのメリットがありました。

　それに対して株式会社の「ノル」側は，そもそも企業社会に暮らしていません。この人たちの「遊休資本」は，ちょっと目を離すとすぐにどこかに散逸してしまいます。でもこの人たちはとても大勢いるので，遊休資本の「総量」は，社会の企業活動にとってとても魅力があります。「ノル」という事業への参加方法を徹底的に簡易化して，つまり「人任せで儲かるから，とりあえずお金出して！」というスローガンの下に，「遊休資本の企業資金としてのくみ上げ」が最優先課題となりました。その場合，「ヤル」側による説得・懇願や「ノル」側による吟味（そもそも遊休資本型のノルちゃんにはそんな能力ないですけど……）などを前提としていてはとても邪魔です。そこで法は，株式会社の事業開始を，もっぱら「遊休資本によるもとで形成」という見方だけから規律したのです。

　この意味で株式会社という制度はかなりせっかちです。とにかく「金を集めろ」が先行します。事業によって儲けることを社会活動の一番重要な位置に据えた資本主義の下では，なんでもいいから「事業」に投下されることさえ確実であれば，集まったお金に早いとこ拘束をかけておこう。こんな考え方が見え隠れしています。

　このように，株式会社のもとで集積には，他の企業には見られない様々な特徴があります。そこで法律によっていろいろな枠組みやしきたりをしっかり定め，関係者みんながハッピーになれるようにファイナンスを「調整」する必要が生じるわけです。

変態設立事項

　もし株式会社をふつうの手続きだけで設立すると，会社登記によって株式会社がこの世の中に生み出されたとき，その会社は多額の資金を持っているだけの存在です。工場はこれから建設します。原料もこれから調達します。なによりも従業員はこれから全員募集して雇用契約を結びます。だとしたら実際に事業を開始するまでに何年かかるのでしょうか……。実際に事業を「行うこと」を具体的に考えていないから，「お金を集める」が先行してしまうのですね。さすがにそれでは実態に合わないので，株式会社では設立中に工場や社屋を「現物出資」（お金の代わりにモノでノル）や「財産引受」（会社設立後に代金を支払うことにしてモノを買い取ってしまう）によって調達しておこうという仕組みもあります。でもこれらは「変態」設立事項と呼ばれ，そんなことをやるとピュアな設立手続きが汚れると考えられているんです。設立直後に金しかない会社の方が，よっぽど変態だと思うのですけど……。

Unit 3　所有と経営の分離
──株式会社のガバナンス

1　いろいろなガバナンス

自分の才覚で──ヤルちゃんの場合

　企業のファイナンスの態様はガバナンスのあり方に大きく影響します。**Unit2** に登場したファイナンスの類型に応じて，ここで簡単に整理しておきましょう。

　まず，個人企業において，もとでの効率的活用を図るためにはどうしたらいいでしょう。「その人にがんばってもらう」以外に答えはありません……。個人企業が儲かるかどうかは，事業を担う当人の才覚によるものです。その結果を誰のせいにするわけにもいきません。ですから，儲けが出たら自分でセレブレート，でも損してしまったら「ワタシってバカ，バカ！」と自分の頭をたたくだけです。あまりに単純ですから，法によってガバナンスを整備する必要はほとんどありません。

　次に，ヤルちゃんばっかりから構成される企業はどうでしょう（20頁コラム参照）。事業にやる気まんまんの人ばかりが集まったため，この企業の最大の問題は，「船頭多くして船山に登る」となってしまう点にあります。ですからもとでの効率的活用のためには，「お前ら，事業方針を統一しろよ！」ということになります。法はこのための「技術」を用意しますが，それほど複雑ではありません。多数決をしたり，才覚ありそうなヤツを当面のリー

ダーにしたり……。でも，みんな本質的にはヤルちゃんですから，やっぱり，儲けが出たらみんなでセレブレート，損してしまったらみんなで「バカ，バカ！」と頭をたたき合います。

話し合い──ユニット型企業

これらに対して，ヤルちゃん・ノルちゃんのユニット型企業については，その「効率的」事業遂行のために調整が必要になります。

とくにこのパターンの企業のノルちゃんは，**Unit 2** で見た①型のノルちゃん，すなわち企業世界で暮らしている虎視たんたん型ノルちゃんであることが多いのです。この人たち，ヤルちゃんになってめんどくさいことをやるのはイヤだけど，事業にはけっこうこだわりを持っています。ですからヤルちゃんのことを完全には信用しておらず，いつもちょっかいを出したがります。こうしたユニットの代表格であるベンチャー企業の「エンジェル」，名前とはうらはらに，いつまでも「ニコニコ天使」でいてくれるわけではありません。さっさともとでを引き上げてヤルちゃんを見捨てることだってあります。デビルに豹変です。それは一番手痛いおしおきですね。ヤルちゃんは「クチ出さないで！」と思っていますが，そんなおしおきは受けたくないですから，それほど強

気には出られません。ノルちゃんの顔色をうかがいながら，なるべく自分の思うような形で事業を進めていくほかありません。あぁ，オモテでは協力し合いながらも，ウラでは相手を利用する２人……。ドラマみたいですね。

もっとも，この2人の利害対立の調整のために法が積極的に乗り出す必要があるかというと，それほどのこともありません。もちろん法によって重要なポイントをしっかり押さえておくことは重要です。でも，最終的に2人が満足するためには，結局双方が歩み寄るほかないのです。ですから，このヤル・ノルユニットでは，「契約」によってどんなときにどちらがどのような権利を持つか，窮地に陥ったらどちらがどんな方向に引っ張っていくかなどを決めておきます。それが最も効果的なガバナンスということになります。

2　株式会社の特殊性

ゼロ＋ゼロ？

さて，それでは株式会社の最も効率的なもとで活用法はどのような形になるのでしょうか。その答えを導くために，もう1度株式会社のもとで形成の特徴を復習しておくことにしましょう。

そもそも株式会社を最初に形成するとき，ヤルちゃんがいません（あくまで法律上は）。だから理論的にはヤルちゃんの「お願い」に応じてもとでが集められるわけではないことになります。しかも集められるもとでは遊休資本です。出し手である「庶民」は，もともと企業社会に暮らしていませんから，たとえ事業に口を挟もうとしても「何もわかりませーん……」状態です。

この特徴を他の企業と対比してみたのが，次頁の表です。ヤルちゃんが「オレ様」で事業を推進できる度合い（オレ様度）と，ノルちゃんがちょっかいを出せる度合い（口出し度）を一覧にしてみました。オレ様度が一番強いのは，ノルちゃんのいない個人

企業です。逆にヤルちゃんがいない株式会社では，もちろんオレ様度はゼロ。それじゃー，株式会社ではノルちゃんの口出し度がマックスになるの？　いえいえ，残念ながらそうはなりません。だって，何もわからない人たちがどうやって口出すの……。

　そうすると，なんと株式会社では口出し度も限りなくゼロに近いことになります（完全にゼロでないことは，**Unit5** と **Unit6** で説明します）。おいおい，糖質ゼロ，プリン体ゼロの発泡酒のコマーシャルじゃないんだよ。ゼロ＋ゼロでどうやって事業を進めていくんだよ！

設立者	主な形態	ノルちゃんの種類	オレ様度	口出し度
ヤルちゃん1人だけ	個人企業		3	0
ヤルちゃんばっかり	合名会社		2	1
ヤル・ノルユニット	ベンチャー企業	虎視たんたん型	1	2
ノルちゃんばっかり	株式会社（設立時）	遊休資本型（庶民）	0	0？

口出し度とガマン

　合名会社ではほんとはノルちゃんがいないはずです。だったら口出し度が1というのはおかしいですね。実は，本文で前述したように，ヤルちゃんたちがあまりに「オレが，オレが」と我を張ると事業がちっとも前進しません。だから，みんなが少しずつガマンして譲らなければなりません。逆に言うとガマンの分は他のヤルちゃんのやることを受け入れる必要が生じます。

一歩さがってそれを見ているという意味で，口出し度「1」です。そう捉えると，「口出しをしたい」という気持ちは，「お前のやるのを一応ガマンして見ている」と通じるところがあるといえます。

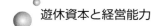

遊休資本と経営能力

とはいえ，株式会社も事業を実際に推進していかなければなりません。法的に「ヤル」側が明確に認識されていないとすれば，株式会社の事業はどのように行われるべきなのでしょうか。

最も単純に考えれば，当初こそ「ノル」だけのつもりでいた人たちに，事業を「ヤル」ことも押しつけたらどうでしょう。このUnitの最初に見たように，ヤルちゃんだけの合名会社は集まったヤルちゃんたちが多数決などで運営していく会社です。これと同じことを株式会社でもやったら？　しかし，それでは一種のトートロジーに陥ります。何度も繰り返すようですが，株式会社にノル人は「遊休資本」の持ち主でした。つまり，この人たちはもともと儲ける世界に住んでいません（それなのにちょっとノって儲けようとイロケを出したわけです）。日常生活で儲ける世界とは無縁なわけですから，とてもじゃないですが株式会社の事業を運営していくことなどできません。考えてもみて下さい。あなたが明日トヨタに遊休資本を入れたら，突然，トヨタの次期の経営戦略を決めることができるようになりますか？（この本を読んでおられるアナタは，おそらく②型のノルちゃん予備軍でしょうから……。）

そうだとしたら，事業のやり方さえわからない遊休資本型ノルちゃんを実質的にヤルちゃんに変身させることは論理破綻……。

株式会社を合名会社に転化することは，理論上不可能です。遊休資本によるもとで形成を目的とする株式会社では，ノルちゃんは最後までノルちゃん（しかも「何もわかりません」が許されるノルちゃん）として扱わなければならないのです。つまり，遊休資本でノル人には，本来的に「経営能力がない」と割り切らなければならないのです。たとえ束になってかかろうとも，この人たちが経営を担うことはできません。

無能力と無気力の違い

　よく誤解されるのですが，無能力は「やる気のなさ（apathy）」とは微妙に異なります。現代の株式会社では個人の参加者は「株価」の上昇・下落に最大の興味を持ちます。高くなれば売って，安くなれば買って……（**Unit4** で詳しくお話しします）。個々の会社に関心を持つ暇などないですから，もちろん経営など担うつもりもありません。会社経営なんてめんどくさくて……。こうして一切の関心を持たなくなるわけです（「無機能株主」といいます。**Unit7** 参照）。こちらは，多分に現実的な風潮によるものです。もしこの「無関心」だけを根拠としてしまうと，「本当は遊休資本型ノルちゃんは経営に関与する能力を持つのに，怠慢でやらないだけだ」という理屈が成り立ってしまう危険性があります。そうではありません。ここで言いたいのは，遊休資本型ノルちゃんにはもともと「構造的」に経営能力がないという点です。だって，儲ける世界の外の住人の「遊休資本」をくみ上げようとしたのは，株式会社だけに見られる特徴的な仕組みでしょ。遊休資本型ノルちゃんは「俺は，もともと企業経営なんてこれっぽっちも知らないぞ！」とエバッていていいんです。それが株式会社の構造なのですから。

経営者，つれてこーい！

　ベンチャー企業のように，「ヤル」側がノルちゃんにプレッシャーをかけられながら事業を推進するのでもない，かといって，合名会社のようにヤルちゃん全員で動かしていくのでもない。だとしたら，株式会社ではどうしたらよいのでしょう。答えは１つ。敏腕な経営手腕を持つ人をつれてくればいいのです。フレンチ・レストランの雇われシェフのように，オーナーである遊休資本型ノルちゃんたちが（オーナーであることについては **Unit 4** で詳しく述べます），フレンチ・レストラン経営の一切をこの人に委ねてしまいます。このような方式のことを，「所有と経営の分離」と呼びます。つまり，オーナーと雇われシェフの「分担」を明確に区別し，オーナーは「持っている」だけ，シェフは「事業を運営するだけ」と徹底するのです（シェフをたくさん雇ったときは，その中から「店長」を選んでもらいます。**Unit 5** で詳しく触れる「代表取締役」です）。

　うん，それは名案だ！　ところが，株式会社だけにこのような特殊な調整策が設けられたため，株式会社のガバナンスは，他の企業と比べてとっても難しいものになってしまいました。

自分のために，他人のために

　この雇われシェフのこと，株式会社では「取締役」と呼びます。なんだかちょっと座りは悪いのですが，株式会社の「ヤルちゃん（仮）」としてもいいかな……。

　個人企業や合名会社はもちろん，ヤル・ノルのユニットでも，ヤルちゃんがはじめから事業を推進していくことが当然の前提と

されています。これらの企業で，ヤルちゃんに「なんであなたは
大変な事業運営をやってんの？」ときくと，「あたりまえでしょ，
私がやりたかった事業なんだから」という答えが返ってきます。
つまり，ヤルちゃん（たち）は，もともと自分（たち）の「ため
に」バリバリ儲けを求めるインセンティブがあるわけです。それ
なのに，株式会社ではまず企業としての容れ物を作ってから，
「さあ，誰かをつれてきて事業を引っ張ってってもらおう」とい
うやり方がとられました。ここで取締役に同じ質問をすると，
「だって，任されたからだよ」という答えになってしまうのです。
取締役が大変な事業運営を担うのは，自分のためではなく，他人
（オーナーである遊休資本型ノルちゃんたち）のためです。その場合，
最も危惧されるのは，そのようなヤルちゃん（仮）が，果たして
本当にオーナーの利益のために働いてくれるかです。みなさん，
コンビニのバイトやるとき，いつでも「どうやったらサボれるか
な」って考えていませんか？

● サボる，騙す，チョロまかす……

　とくに遊休資本型ノルちゃんたちは，事業の世界には素人なの
です。そんな人たちから膨大な資金が集まりました。そして，そ
の「お金」は，ゴッソリと取締役に委ねられてしまいます。

　取締役に選任されたあなたは，まずなにをしますか。これは私
がよく会社法の授業のガバナンス論の冒頭で提示する質問なので
すが，いかがでしょう？

　ほとんどの学生が「ノルちゃんたちのために精一杯がんば
る！」，「ノルちゃんたちの期待に応えられるように，たくさん利
益を出す」などと答えます。違いますよ。なんではじめから，ノ

ルちゃんのために取締役のあなたがそんなに「いい
人」ぶるんですか。ノルちゃんは経営のド素人なん
ですよ。騙すなんて簡単じゃないですか！　大金を
任された取締役としてあなたがまずやることは，
「ノルちゃんにはわからないようにチョロまかす」
です。

　それはとても困る！　遊休資本を出す庶民は「飛
んで火にいる夏の虫」になってしまうではありませ
んか。そこで株式会社のガバナンス機構は，原則と
して「どうしたら取締役は雇われシェフとしての仕事をキッチリ
やってくれるだろう」という視点から考えなければなりません。
会社法は性悪説に立ち，雇われシェフをはじめから疑ってかかっ
ています。その上でこのような「取締役，キッチリ働け！」の方
向に動こうとすると，微に入り細をうがった多くの厳しいしきた
りを設ける必要があります。そのため，株式会社のガバナンスを
規律する条文は，他の企業と比べて段違いに多くなってしまいま
した。

 冗談ではありません！

　ここで私が言ってること，嘘だと思うのだったら，会社法
960条を見て下さい。「罰則」の冒頭規定で，取締役の「特別
背任」罪が堂々と規定されていますから。刑法に任しておくだ
けでは足りないから，会社法自らが取締役の最大の誘惑を「刑
罰」によって防ごうとしているのです。刑罰はちょっと極端す
ぎるかもしれませんけど……。

Unit 4　もとでを出すことの意味
──株式と株主

1　ヒトかモノか

お金を縛る

　さて，**Unit2** で見たとおり，株式会社は遊休資本を集めて大き
な事業資金を作り上げる技術です。ここで，あらためて思い出し
ていただきたいのですが，「儲けること」とは，もとでを活用し
てそれを増殖させることでした。株式会社の設立のときに集めら
れた遊休資本は，株式会社という1つの企業のもとでを形成する
ことになります。この集まったもとでとそれを出した人々との関
係をもう少し詳しく見ていくことにしましょう。

　そもそも「集める」ということの意味は，バラバラでは少なす
ぎるモノから巨大なカタマリを作り上げるということです。です
から，株式会社に集まったもとでは，1つの「有意義な集合体」
として，ギュッと固めておかなければなりません。そのためには，
遊休資本を出した1人ひとりが，いつまでも「あのお金は俺が出
したんだよ」と執念深く追いかけ，銀行預金のようにATMで
いつでも引き出すことができるようでは困ります。この人々から
ある程度隔離して，集合したもとでに拘束をかけなければならな
いのです。

誰が怒る？

　せっかく大きな資金にしたのに，「やっぱりやめた。俺の出したお金返して！」というヤツがいると，集まったお金のカタマリはグズグズになってしまいます。「おいおい，せっかくここまで貯めたのに，戻しちゃうの……」と，遊休資本を出し合った他の人たちからひんしゅくを買うことはもちろんですが，もっと怒る人がいます。それは，株式会社が「動く」（**Unit 5**参照）活動に巻き込まれた人たち，つまり株式会社の取引相手です。「大金貯めたと思ってつきあってやったのに，戻しちゃうのかよ！」　金の切れ目が縁の切れ目，株式会社は，「実はお金戻しちゃった……。テヘッ」では通りません！（このことは，**Unit 8**で述べる「有限責任」とも深くかかわります。）

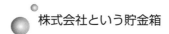 **株式会社という貯金箱**

　そこで，もとでを集約しておくために，1つの「貯金箱」を設けることにしました。この貯金箱にお金を入れた人たちは，貯金箱の鍵をもらうことができません。ですからたとえ自分の出したお金であっても，いったん貯金箱に入れてしまうと勝手には取り出すことができなくなります（株式会社のもとでのことをふつう「資本」と言い，それに応じて株式会社にお金を出すことを「出資」と言います。そこでこれを取り戻せないことも「出資払戻禁止の原則」なんていう，いかめしい呼び方をします）。かなり強引な方法ではありますが，この貯金箱の効能を考えれば，そんな仕打ちにも耐えることができます。つまり，この貯金箱は良い状態にさ

え保っておけば，中のお金を「増殖」できるという「不思議な貯金箱」なのです。中のお金は「ここは居心地がいいな！」と思えばどんどん増えていきます。まあ，そんなおいしい話が付いているなら，「俺の金，俺の金……」と取り戻すよりはいいかも……。

「よい子」

　ちょっと大上段に構えた理屈を付け加えましょう。**Unit 2** で見たように，資本主義の世界では「余分なお金があったら，素人さんでも事業のもとでに投下してごらんなさい」という誘導原理があります。つまり，資本主義の下では，遊休資本を遊休資本のままで消費してしまう人は「困った子」で，遊休資本を企業資金に転換する人は「よい子」なのです。せっかく株式会社に遊休資本を出したよい子が，それをまた遊休資本に戻して消費してしまうのは，とても困ったことです。困った子に戻さないためにも，出資の払戻制限は必要な原則なのですね。

ヒトとして……

　もっとも，居心地がいいとはいっても，貯金箱の中のお金は決してじっとしているわけではありません。お金は本来「使う」ものです。「企業活動」という場で縦横に暴れまわってこそ，増殖する可能性が高まります。それでは，株式会社貯金箱のお金はいったい誰が使っているのでしょう？

　みなさん，「呪いの貯金箱」の話，ご存じですか？　ある日，ある家電メーカーの販売部に電話がかかってきます。「あ〜の〜，パ〜ソ〜コ〜ン，百〜台〜下〜さ〜い……」。それを受けた係長は，「はい，どちらさまですか？」と聞くと，電話はプッツリと

切れてしまいました。なんだ，いたずらか……。ところが午後になると，販売部の前に忽然とお金のたっぷり詰め込まれた貯金箱が置かれています。その貯金箱には，「パ〜ソ〜コ〜ン，百〜台〜下〜さ〜い……」と書いた紙切れが貼り付けられています。みんな怖がって貯金箱に触ることができません。夕方になると貯金箱は消えています。なんだったんだ？　でもとりあえずよかった。しかし翌日，また電話が。そして午後には貯金箱が……。これが毎日繰り返されるので，とうとう全員ノイローゼ状態です。係長が意を決して部長に事情を告げました。部長はツワモノですからこう言いました。「なにっ？　目の前にカネがあるのに，なんで売らないんだっ。バカものっ」。係長は涙目で，「わかりました……。でも，領収証は誰宛に書きましょう？」。

　おそまつさまでした……。でもこんなホラーを起こさないためには，取引をするとき「相手が誰なのか」をしっかりと認識してもらわなければなりません。この貯金箱のお金をシッカリと使えるように，貯金箱自体に「主体性」を与えることにしました。どうやるかというと……。そもそも私たち人間（「自然人」といいます）は自分で動くことができますね。そこでもともとは動けないモノを「ヒト」に見立てるのです。この技術，「法人化」といって法律では結構よく利用されています（JOC：日本オリンピック委員会，JFA：日本サッカー協会，早稲田大学等々，みんなヒトです）。さあ，これで株式会社という貯金箱，1人の「ヒト」として，企業活動の嵐の中に漕ぎ出すことができるようになりました。「貯金箱が自分でお腹の中のお金を使う」という捉え方ができるようになるのです（ただし，実際に「動く」ための仕組みについては，**Unit 5** を参照）。

● いいことばかりではない──減るかもしれない貯金箱

　株式会社という貯金箱を1人で活動できるようにしたのは，企業としての本来の目的をかなえるためです。この貯金箱は，お腹の中の「もとで」を使って自分で事業を展開していきます。そして事業がうまくいくと，お腹の中の資金は「増殖」しています。つまり，みんなではじめに入れた金額総計より増えるのです。これが，「儲ける」という企業の真骨頂ですね。

　しかし反面，株式会社という貯金箱は，そもそも貯金箱にはあるまじきとんでもない性質を持っています。世の中に確実に儲かることなどあり得ません（みなさんの携帯やパソコンには，「絶対に儲かる△△……」というスパムメールがよく届くでしょ。あれ，絶対にウソですよ。100% 儲かるコトがあるなら，メールで勧誘する前に自分で億万長者になっていますよね。他人になんか教えるもんですか）。株式会社貯金箱も，確かにお腹の中のお金を増やすことを「めざして」動くのですが，実際にもとでが増えるかどうかはわからないのです。貯金箱の「動き」つまり事業展開がへたくそだと，お腹の中のお金は「居心地悪いぞ！」と怒って減ってしまいます。

● 自分の責任──投資ということ

　それでも，この貯金箱にもとでを入れた人々は文句を言えません。「減ってしまう劣悪環境の貯金箱」を選んでしまった，自分のおバカな判断を悔やむむしかないのです。

　株式会社への資金提供は，「投資」の一手段です。投資のリターン（利益の可能性）には，必ずリスク（損失の危険）がつきまと

います。だからハイリスク・ハイリターン（儲けは大きいかもしれないけど，その反面損すると大泣きするぞ！）とか，ローリスク・ローリターン（損が出る危険は小さいけど，儲けもチビッとだよ）とかいわれるのです。投資は一種のばくちと捉えなければなりません。確かに遊休資本の持ち主は，ふだん企業活動とは無関係な世界に暮らしています（**Unit 2** 参照）。でも，だからといってひとたび株式会社という貯金箱にお金を入れようと決意したら，投資の世界に片足を突っ込むことになります。ですから，「お金が減ってしまっても自分で泣いて耐えなさい」という最低限の投資の鉄則（自己責任の原則）を免れることはできないのです。遊休資本を株式会社貯金箱に入れる人々は，このことをしっかりと自覚しておかなければなりません。

出資者 vs 貯金箱

　株式会社貯金箱に遊休資本を出資した人々は，出資払戻禁止の原則のためにそれを取り戻すことはできません。しかもこれはばくち型貯金箱ですから，中でお金は目減りしてしまうかもしれません。そこで貯金箱は図に乗って，「みなさんには鍵をお渡しできません。それに，お金は減ってしまうかもしれませんので悪しからず……」と居直ったとしたらどうでしょう。遊休資本をうまく増やせるかもしれないと期待してお金を投入した人たちは，八方ふさがりになってしまいます。うーん，生意気な貯金箱め！

　もちろん，株式会社貯金箱をヒトにしたのは，このような泥棒まがいのセリフを言わせるためではありません。この貯金箱にお金を入れると何の利益もないままに遊休資本を奪われてしまうなんてことは絶対あってはいけないことです。そもそもはじめに遊

休資本を集めなければ株式会社を始めることはできません。ですから，やっぱり一番えらいのは，遊休資本を出した人たちです。

2　持ち主のメリットは？

出した人たちのモノ！

確かに株式会社貯金箱はヒトではありますが，それは法律によって作られたフィクションです。もともとはお金（財産）の集合体つまりモノなのですから，持ち主がいるはずです。株式会社全体の持ち主は，遊休資本を持ち寄った人たちです。株式会社という貯金箱は「ヒト」として自走できますが，同時に「モノ」として遊休資本を出した人たちの共同所有物になっているのです。

だとすれば，お金を出した人たちには，当然に，所有者としてのメリットを十分に実現できる方法を用意しておかなければなりません。この利益実現の方法をないがしろにしてしまうと，そもそも，もとでを提供するモチベーションが著しく下がってしまうでしょう。そうなると株式会社制度そのものが成り立たなくなります。そこで株式会社貯金箱は，その特性を保ちながらも，遊休資本を出した，あるいは出そうと考える人たちに自分の魅力をアピールする必要があります。この調整のために，株式会社では2つの仕組みがあみ出されました。

チョびっとずつ……

まず第1は，利益の配当です。こちらは世間的にもかなり有名な方法ですね。

株式会社貯金箱の目的は，お腹の中のもとでを増殖すること

す。したがって，放っておくとずーっといつまでも，もとでを増やすために活動し続けます。お金を出した人たちもこれにつきあっていては，ずーっと待っていなければなりません。

　さすがにどこかのタイミングを見計らって「はじめのもとで」と「今の儲け」を比較してみよう，そして少なくともそこで一応確定される「儲け」については，この人たちを楽しませてあげよう。つまり，「もとで」の増殖を一定期間ごとに仮判定するわけです。この期間に増殖分＝「儲け」が生じていれば，貯金箱の厳重な口を開いて，儲けの全部または一部だけを取り出して遊休資本を出した人々に還元します。儲けを得ることこそ，この人たちがなけなしの遊休資本を出した本来の意味なのですから，これをときどきやらないとみんなソッポを向いてしまいます。「期間損益計算による剰余金配当」，俗に「利益配当」と呼ばれる仕組みです。

● 所有の根幹──「株式」

　しかしこの配当を実施したとしても，配当される剰余金以外の部分，とくに，最初に投入したもとでの部分は貯金箱の中に残ったままです。これはやっぱり，原則として取り戻すことができません。株式会社にもとでを出し合った人たちが貯金箱内の資金に手を出そうとすると，「出資払戻しは禁止です。速やかに退去して下さい。ピーポー，ピーポー……」という警告音が出てしまいます。

　そこで貯金箱との直接対決は避けることにしました。つまり，こういうことです。株式会社貯金箱は自走のためだけにヒトと擬制されたにすぎません。繰り返すようですが，しょせんはモノで

す。これを「持っている」のは，最初にこれを作り出した人たち，つまり遊休資本を出し合った人たちにほかなりません。

この点，「みんなで持っている」というと，なんだか「持つ」ということ自体がウヤムヤになってしまうように聞こえますが，そんなことはありません。株式会社貯金箱はお金の集まりなのですから，計算さえできれば，それぞれの人が「俺はこの貯金箱の○○％を持っている」ということが可能です。その意味では，各人は自分の「持分」だけ貯金箱を「所有」しているのです。株式会社貯金箱では，この持分のことを「株式」と呼ぶことにしました。これに応じて，貯金箱に遊休資本を出し合った人たち，つまりこの貯金箱の共同所有者を，「株主」と呼びます。

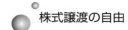

株式譲渡の自由

さーて，ここからがお立ち会い！

株主が貯金箱に近寄って自分の「持分」に手を出そうとすると，「速やかに退去……，ピーポー……」になってしまいます。そこで株主は，この貯金箱に触れることなく，自分の株式を「売ってしまう」ことにしました。

所有権を主張するために，いつでもモノに触っていなければならないわけではありません。みなさんも自分のノートパソコン，寝るときまで抱えているわけではないでしょ。まして株式会社は1人のヒトとして熱く動き回っているわけですから，持ち主であるとはいえ株主がベッタリ張り付いていると疲れます。法的に，この株主は会社に対してコレコレの持分を持っているんだよということがしっかりとわかるようになっていれば（そのために，株券という証券が発行されたり株主名簿なんてものがあったりします），

株主は遠くから株式会社のことを見守ってあげれ
ばいいんです。だから，遠くに離れたまま，自分
の持分である株式を売ることが可能なのです。

　おっ，思わぬ変化球ですね。株式は株主の所有
物ですから，どう扱おうと法律的に何の問題もありません。売り
手となる株主は，買い手から代金を得ることができれば，つまる
ところ貯金箱からもとでを取り戻すのと同じ効果を得られるでは
ありませんか。しかも貯金箱にとっては，中のお金は外に出てい
きません。そして買い手が新しい株主になるのです。

　これが株主に対する第2の利益還元の方法です。株式会社では
これを保障するために，「株式譲渡自由の原則」を設けました。
「出資払戻禁止の原則」とうまく噛み合った株式会社独特の仕組
みなのです。

売っちゃえ，売っちゃえ！

　ところで，この株式譲渡自由の原則は，ちょっと一人歩きし過
ぎて，現代社会に大きなインパクトを与えることになりました。

　Unit3 で見たように，株式会社では所有と経営の分離が徹底し
ています。もともと株式会社という仕組み自体が，「経営に精通
していない」人々の遊休資本を集めるために生み出されたからで
す。だとすれば株主は，自分で直接に「経営の改善による収益性
の向上」，つまり「株式会社貯金箱を居心地よく保ってお金を増
殖させる」ことができません。そのため株主の関心は，経営改善
の自助努力よりももっぱら「貯金箱は居心地よく保たれている
か」という他人（取締役）任せの結果だけに向かうことになりま
す。

　このような株主の思惑は，当然のことながら，株式会社に対する「愛着心」の欠如を導き出します。自分で汗をかかないのですから，会社に対する思い入れはまったくないですね。確かに株式会社という1つの企業の形成に参加したのかもしれませんが，その成長を温かく見守るなんて気持ちはサラサラありません（**Unit7** で詳しく説明します）。そんな中，自分が持っている「株式」は「売り物」になることを株主が自覚しちゃうと……。持ってるのがイヤになったら売ります！　イヤにならなくても売ります！　いつまでも，いると思うな親と株主……。

● 捨てる神あれば，拾う神あり……

　えっ？　イヤにならなくても売るの？　そうなんです。売る側の株主の心情は複雑なんです。まず「イヤになったら……」の場合は簡単。株主は，「あーあ，株式会社貯金箱が儲からないから，俺の株式も配当なんか全然もらえないヤ。これ以上ジリ貧になる前に売っちゃおう」と思います。でも，イヤにならなくても，「うーん，こんなに配当がもらえるとは思わなかった。お腹いっぱい。でもこの先どうなるかちょっと不安だから，もう手放そうかな」と考えることがあるのです。

　世の中の人々の考えは，ほんとにヒトそれぞれです。同じ株式会社を見て，「いや，今でこそ低迷しているけど，これからホンキ出せばすごいんだ」と感じる人が，少ないながらいるかもしれません。そうすると，イヤになっちゃった現在の株主たちは，大挙してこう考える人に株式を売りつけようとします。また，「まだまだ，この貯金箱のお金はもっと増殖するよ」と考える人たちは，「お腹いっぱいでもちょっと不安……」な現在の株主のもと

に押し寄せます。前者の例では，なにせ大勢の売り手が「どうしても今買って！」と騒いでいますから，有利な買い手は焦らして値段をもっと引き下げます（買い手市場ですね）。後者では売り手の方が，「どうしよっかな」と焦らせば値段をつり上げることができます（売り手市場）。もちろん，現在の株式の価値は株式会社貯金箱の客観的な「大きさ」をベースに割り出されるのですが（**Unit 10** と **Unit 11** で詳しく見ます），上に見たような取引の勢いがその売買の値段の形成に大きく反映します。

　こうしていろんな思惑をもった株主（または買い手としての株主予備軍）が，株式会社の「経営」などそっちのけで株式の売買を行い，とりあえず今の自分の利益を実現することに目を血走らせるようになります。ああ，面白い！　さぁ，買った買ったい，売った売ったい！　こうなるともう，株式会社の法構造とは別の世界で，「株式市場」（「資本市場」と呼ばれたりもします）がとてつもない存在感を示すようになりました。テレビでも新聞でも，毎日毎日「日経平均株価が××円上がった，下がった」と報道され，社会全体がそれにつれて一喜一憂しています。株式市場は，経済のバロメーターとしての意義さえ帯びるようになったのです。

 配当と売買

　ちょっと注意しておくことがあります。「配当」と株式売買の関係です。剰余金配当は「貯金箱内のお金が増殖したとき，その一部だけを取り出して株主に戻してあげる」仕組みですから，株主はその儲けを端的に実現することができます。じゃあ，少なくとも会社が順調に事業を進めている場合には，株式を売らなくてもいいんじゃないかとも考えられるでしょう。しかし，

儲かった分がまるまる株主に戻されることはまずありません。
経営陣としては，単年度に儲けが出ても後々のことを考えれば
儲け分全部を配当するのは躊躇されます。大事をとって，儲け
のうちのかなりの部分を株主には配当しないことも多いのです。
そのため配当は株主にとって儲け分の実現ではありますが（こ
れをインカム・ゲインといいます），残念ながらある時点での
貯金箱の増殖率とは直結しません。ですから株主は，儲けを余
すところなく実現しようとすれば，自分の持っている株式を各
時点のそのままの価値を示す金額で売った方がいいのです（こ
れをキャピタル・ゲインといいます）。

Unit 5　株式会社の「頭」と「手足」──株式会社の機関

1　法人のアタマ

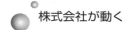
株式会社が動く

　株式会社という貯金箱は，お腹の中に集められたお金をひたすら「使い」ます。もともと企業にひきこもりはいません。企業は利益を上げるためには，絶対に社会で様々な相手と「取引」を行っていかなければならないからです。誰だって，得体のしれないモノとの取引なんてお断りですよね。ですから，企業である株式会社貯金箱が1人の「ヒト」（法人）とされたのも，取引相手との間で，金銭のからんだ法律関係を築いていくために便利だったからです。こうして株式会社はお金を使いやすくなりました。

　えっ？　ちょっと待ってよ。われわれ自然人だって日常お金を使ってるよ。さっきだってコンビニでパン買ってきたもんね。これって，売買契約っていう「お金のからんだ法律関係の形成」でしょ。だとすればわれわれがお金を使うのと株式会社がお金を使うのはどこが違うのでしょう。答えはとても簡単です。ズバリ，その目的が違います。私たちは，遊んだり勉強したり，働いたりサボったり，恋愛したり振られたり，およそ人生を謳歌するため（カッコいい！）に必要なあらゆる「動き」に，お金を費やします（これを「消費活動」といいます）。それに比べて，株式会社がお金を使う目的は，くどいようですがたった1つ，「儲ける」ためで

す（事業活動ですね）。したがって，株式会社の「動き」もまた，この儲けるという目的に向けて純化されます。株式会社の「行動」とは，「取引相手と交渉・取引によってお金のからんだ関係を形成し，そこから利益を生み出していくこと」と要約することができますね。これで，「儲ける」を具体的にイメージできるようになりました。

法人化と現実の「動き」

　でも，一口にそうはいっても，どんな取引相手を見つけるんですか？　どんな内容の取引を形成するんですか？　いくら使うんですか？　しかもすべてが「儲けるために！」という目的に縛られています。実際に株式会社の行動の方針はどのように決められ，どのように実現されていくのでしょうか？

　Unit4で貯金箱を「ヒト」にしたと説明しましたが，この法人化，あくまで法的な「擬制」にすぎません。確かに，株式会社は会社「本人」の名義で，たとえば取引相手から原料を購入しその代金を支払います（領収書も「会社宛」でいいから，呪いの貯金箱にはならないわけです）。そういう意味では，株式会社そのものがヒトとして行動しています。でも，その相手からの購入を決めたのは「誰」？　お金を手渡した（あるいは振り込んだ）のは

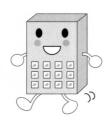

「誰」？　神様ではないのですから，もともと動くことのできないモノの中に，自発的決定のできる「アタマ」や，作業を行う「テアシ」まで発生させることなどできません。この法人化という技術は，株式会社を大きな「ヒトのカタチ」として捉えてみようという，

とても大ざっぱな「扱い方」を提供するにすぎません。ですから，その法人が実際に「動こう」とするとき，「アタマは？　テアシは？」という問題は別に詰めていかなければなりません。

　具体的な「動き」に即して考えた場合，法人とはいっても，自分でものごとを判断・決定する「アタマ」と，その決定に従って行動する「テアシ」は，やっぱり最終的に人間サマ（自然人）に帰着せざるを得ないのです（これは株式会社に限らず，どんな法人でも同じでしょう）。

アタマはどこに？

　株式会社が「動く」こと，ちょっとしゃれた言い方で，「業務を執行する」と表現します。ここでその仕組みについて，私たち自然人との比較で考えてみましょう。

　人気の虎ノ門ヒルズで彼女と食事をしたければ，まずキミたちの頭は，手に「スマホ使え！」という命令を下します。もっと詳細に言えば，右手に「ポケットからスマホを引っ張り出せ」，「スイッチ押せ」と，次々に命令を出し続けています。そうしたら，こんどは手と目に「検索せよ！」と命じます。文字を打ってタップ……。ヒルズのレストランがザーッといっぱい画面に現れます。ここからは忙しいですよ。目からフィードバックされた情報を頭はいちいち判断して，手に「次っ！」，「次っ！」とタップさせ続けます。こうして頭は体の各部位と緊密に連携し合って，ベストな情報を得ることができるわけです。その夜のデートが成功するかどうかは……。あとのことは知りません……。

　実は，株式会社が「動く」ときも，人間と同じような順序をたどります。でも……。そもそも株式会社のアタマはどこにある

の？

　自然界に，人間（自然人）の頭ほど複雑な構造を持つものはないそうです。どんなにコンピューターや人工知能が進化しても，トータルで人間の脳より優れたものになることは不可能だそうです。確かに，将棋ソフトが永世名人に勝つこともあります。でも，そのソフトをロボットに組み込んでも階段さえ昇れませんね。生物学的な人間の脳は，臨機応変にあらゆることに対処することができます。法人の場合も，そんな優れたものを使わない手はありません。法人がいかに「擬制されたカラダ」を持ったとしても，究極のところやっぱり人間サマの脳に頼るのがベストでしょう。それぞれの法人に「最も強い関係を持っている自然人」の脳です。

2　株式会社のアタマ

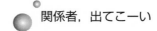
関係者，出てこーい

　さて，株式会社に強い関係を持っている自然人とは誰でしょうか。もう1度，「貯金箱」の考え方に戻ってみましょう。株式会社貯金箱，まさにこの Unit で述べる「動き」のためにヒト化されたとはいえ，やっぱりモノとしての本質を失っていません（**Unit4**）。株式会社貯金箱は，ヒトであると同時にモノだったのです。だとすれば……。そうです。この貯金箱には「持ち主」がいたのでした！　この貯金箱にお金を入れた持ち主，つまり株主こそ，この貯金箱に一番かかわりの深い自然人でしょうね。だったら，「株式会社貯金箱が動くときは，持ち主である株主に決めさせたらいいじゃん！」となるのが（ものごとを決める機関として捉える場合，全株主の集合体を「株主総会」と呼びます），一番わか

りやすい解決でしょう。

しかーし！　ここで**Unit2**で述べたことを思い出して下さい！　株主って，もともと「遊休資本」を株式会社貯金箱に入れたんでしたね？　原則として株主は，②型のノルちゃんでしたね？　つまり，企業活動の世界に住んでいない株主は，株式会社の業務，それどころかそもそも企業の儲け方をわかっていません。それなのに儲けるチャンスをもらえるのでした。だとするとアタマとしての株主は，株式会社が儲けるための業務のやり方なんて，絶対に決められないはずでしょ？

Unit3でも言ったように，ためしにみなさんがトヨタの株式を購入したと考えてみて下さい。さぁ，今後のトヨタの経営戦略は？　あれっ？　なにも思い浮かびません……。虎ノ門ヒルズのデート計画は，スミズミまでとても鮮明に頭の中に浮かんでいたのに……。このように，株式会社の持ち主であるとはいえ，株主はもともと「儲けるための動き」にタッチすることは想定されていないのです。

もう1つのアタマ——鍵は所有と経営の分離

では「儲けるための動き」は，いったいどこで決めるのでしょう。**Unit3**では，所有と経営の分離の必要性から，「取締役」という雇われシェフについて触れました。そのときは，「経営の一切をこの人に委ね」るなんていう言い方をして，実はちょっとごまかしてしまいました。ごめんなさい。会社法的に正確に言えば，この Unit で述べている株式会社の「動き」との関係で，この雇われシェフには株式会社のアタマになってもらうのです。取締役1人ひとりを脳細胞と考えて下さい。この脳細胞たちを1つにま

とめると，取締役「会」になります。脳細胞はある程度たくさんないと，まともな脳になりません（取締役が複数必要なわけは，**Unit 16** でもっと詳しく述べます）。株式会社の行動の決定は，「取締役会」という儲ける動きに精通した機関によって行われます（現在の会社法では，株式会社の形態によって異なる場合もあります）。脳細胞は単独ではなにかを決められるわけではありませんが，脳（取締役会）を構成すると，全体として「決定する」ことができるようになります。

　ああ，これならば株式会社が本格的に儲ける活動に乗り出すことが現実化しますね。取締役という雇われシェフがアタマとして株式会社の事業運営を仕切ってくれるのです！　これで株主総会は，「儲けるための業務の決定」という，背負いきれない重荷から解放されました。でも，完全にお役ご免かというと……。

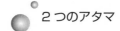

2つのアタマ

　風景写真がとても好きなキミは，バイト代を貯めて超高級一眼レフカメラを手に入れました。交換レンズも揃えて 15 万円もしました。ところがいざ説明書を見ると，「マイクロフォーサーズシステムのハンドリングをスポイルすることがないように……」。なんじゃこりゃ？　使い方がさっぱりわかりません。そこでカメ

ラ小僧の友人 A に登場してもらいましょう。キミはいつでも A 君と一緒に出かけ，A 君にカメラを渡して彼にベストショットを撮ってもらっていました。

　ところがある日，A 君はキミのと

ころに来て言いました。「おい，喜べ！　あのカメラ25万円で売れたぞ！」。さすがカメラ小僧だけあって，Ａ君は相場を超える破格の値段でそのカメラの買い主を見つけたのです。キミは喜ぶべきでしょうか，それとも……。

　Ａ君に任されたのはキミのためにベストショットを撮ることであって，カメラ自体を処分することまでは含まれていないのではないでしょうか。株式会社の場合も，取締役会がアタマとして決定できるのは，あくまで会社を「経営して」儲けることであり，たとえ儲かったとしても「処分する」ことまではできないのが道理というものでしょう。だって，あくまで「雇われシェフ」であって，「持ち主」ではないのですから……。そこで，株式会社を売ってしまったり（「事業譲渡」といいます），他の会社とくっつけてしまったり（「合併」といいます），およそ処分にあたるようなコトを決定するためには，さすがに株主という「所有者」に登場願わなければなりません。

　株式会社の行動は，ふだんは取締役会というアタマによって決められています。それに伴って，株主総会はずっと寝ています。ところが，ときどきどうしても所有者たちに決めてもらわなければならない重要な事態が生じます。そのときは，株主総会をたたき起こさなければならないのです（**Unit6** で詳述します）。

3　株式会社のテアシ

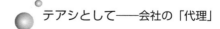

テアシとして──会社の「代理」

　上述のように，株式会社は法的にヒトであっても，現実には「考えられない」から結局は自然人にアタマをやってもらいます。

　同様に，株式会社は現実には「動けない」から，やはり自然人に
テアシとなってもらいます。テアシの要員である自然人を，「会
社の使用人」と呼びます。法律用語だとイメージしにくいですね。
実は本書でたびたび登場しているサラリーパーソンのことですよ。
アタマである取締役会は，この使用人に「こう決まったからコレ
やっといてよ」と命じます。なるほど，虎ノ門ヒルズのレストラ
ン検索のときの頭と手足と同じ関係ですね。

　しかし，ちょっと違うのは，株式会社のテアシはそれぞれが1
人の自然人であること。みなさんの手足は，ときどき勝手に体か
ら離れてどっかで単独行動をとることはありますか？　手足だけ
が宙にフラフラって……。心霊写真のようで不気味ですが，その
とき何よりも困るのは，その手足がちゃんと頭の命令で動いてい
るのか分からないことです。なにせ頭はないのですから。まぁ，
あなたの体ではそんなこと起きません（よね？）。

　ところが，株式会社のテアシはそれぞれが自分自身で行動しま
す。取締役会がいつも一緒なんてことはありません。ですからほ
んとに，その自然人の行動が株式会社のテアシとしてのものなの
か，それともその人自身の生活活動の一環なのかが判別できない
おそれがあります。そこで，株式会社のテアシとして動くときは，
会社を「代理して」動いていると相手に示すことにしました。

 代理権

　民法によって，ある人が他人に「ある行為について自分の法
律上の能力を授ける」ことができるようになっています。これ
を「代理」といいます。その場合，その他人（代理人）がやっ
た行為は代理権の範囲で自分（本人）のやったことにされて，

本人がその法律的な後始末をしなければなりません。なにせ法律的な後始末ですから，たとえば代理人がやったことに本人がお金を支払わなければならなかったり，とても重要な影響が出ます。もちろん，この「本人」は法人でもかまいません。だから，「株式会社の代理人」という自然人が登場するのです。

いろいろな使用人

　株式会社のテアシとしての使用人は，いろいろなレベルの「代理権」を持ちます。まず入社1年目の新米は，たいした代理権を持てないでしょう。「午後から課内会議するから，かどの和菓子屋で人数分のお茶うけ買ってきて。会社宛の領収書忘れないでね！」ってな具合です。それが係長や課長クラスになると，「おお，あの偏屈な相手を説得したの！　そんなら一挙に契約結ぶまで交渉してきてよ」と，かなり信頼されます。さらに部長クラスになると，「企画段階の新商品，量販までよろしくね！」と指示され，その過程で必要になる様々な対外的取引を一手に担います（会社法では「ある種類又は特定の事項」を代理する使用人としてひとくくりにされていますが，役職の上下に比例して実際の代理権の範囲にはかなりの広狭があります）。そしてついには，「関西圏での事業活動は全て統括してね」というように，会社法のいう「事業に関する一切の裁判上又は裁判外の行為をする権限」を与えられたテアシが登場します。この使用人は法的にも「支配人」という別格のテアシとして扱われます（「支店長」，本社勤務の場合は「本部長」などに該当しましょうか）。

有能なテアシ

　人間の手足は頭の指令がない限り1センチたりとも動きません。頭としてはかなり面倒ですね。それに対して株式会社のテアシは使えるヤツです。取締役会は業務の「方針」を決定してそれをテアシに命じれば、あとはテアシが忖度して、いいようにやってくれます。たとえばバイクメーカーの取締役会で、アジア地域に新型バイクを積極的に売り込もうという方針が決まったとします。取締役会はハノイのアジア統括支店長にそのことを伝えます。すると、支店長はそのバイクを効率良く販売するためには、部品を現地工場で作った方がいいかそれとも日本で作って取り寄せた方がいいか、あるいは現地の売れ筋規格（あちらでは150ccのバイクが主流のようです）に合わせるにはどの部品を交換すればいいかなど、部下（課長や係長）を駆使しながら全体図を描いて具体化していきます。

単純な「代理権」の限界──活性化されたテアシ

　もっとも、すでに現地では中国のバイクメーカーがかなりのシェアを占めているとしましょう。ここは市場の争奪戦を繰り広げるより、品質維持に苦労している中国メーカーに部品ないし製品の提供をした方が、Win-Winの関係を築けるかもしれません。ただ、それはもう方針の転換にあたるでしょう。つまり、「新型バイクを販売する」という命令を受けたテアシの代理権を大きく越えます。いかに有能であっても、テアシである限りアタマの命令そのものを変えてしまうことは決してできません。

　株式会社の命運を決する重要な局面では、現場に近い位置で得

られる詳細な情報を，技術力や業績など会社全体の状況の中で総合的に判断する必要に迫られるでしょう。そのとき情報をアタマに復命し，場合によってはアタマの再考を促すことのできる活性化されたテアシが欲しくなりますね。

　実は，これを実現するための名案があります。株式会社の場合には，脳細胞である取締役それぞれが「人」ですから，個々の取締役に代理権を与えれば，アタマとテアシの直接的なコミュニケーションが図れるようになります。脳細胞であってテアシ！　これを代理権を持つ取締役という意味で，「代表取締役」（本当は「代理取締役」となるはずですが，それだと仮の取締役みたいでカッコ悪いでしょ）と呼びます。

　このバイクメーカーは，めでたく中国メーカーと合弁会社（市場シェアと技術力というそれぞれのメリットを出し合って協力する会社のことです）を現地に立ち上げることに成功しました。その過程で代表取締役は，中国メーカーの要求する様々な無理難題を粘り腰で受け止め，ときにはうっちゃります。テアシとしてタフな交渉・取引にあたりながら，脳細胞としてアタマへの迅速な復命を実行し，何度も再検討の音頭を取り，最善の結果を導き出すことができたのです。代表取締役は株式会社で「業務執行」のエースとしてとても期待されています。

　こうして株式会社では，「株主総会」，「取締役会」そして「代表取締役」がそれぞれの役割に徹して，株式会社というカラダ全体を企業社会で「儲けるために」とても効率的に動かしていくことができるようになりました。

Unit 6　すわ，一大事！

1　会社財産の譲渡は「一大事」？

使えないカメラ？

　Unit 5 で，株式会社のアタマの構造について触れました。ちょっと復習しておきましょう。株式会社という大きなカラダの動かし方を決めるのは，結局のところは人間サマ（自然人）です。このとき，所有者として，株式会社に一番強い利害関係を持つのは株主だけれども，ノルちゃんのタイプとしては，「なにもわかりません」の遊休資本型（**Unit 2**）でしたから，経営のケの字も知りません。そこで，有能なアタマとして，取締役という経営のプロを雇うことにしました。これによって，株主の集まりである株主総会は，一応はアタマなのですが，ふだんは寝ているという地位に置かれました。まあ，神棚に飾られたようなものです。そして所有者しか決めることのできない一大事が生じたときに，この株主総会サマの埃を払って神棚から降ろす必要が生じます。

　でも，そこで挙げたのは超高級一眼レフカメラの例でした。あぁ，みなさんのツッコミが聞こえてくるようです……。「使えないカメラなんて買うなよ！」。ちょっと（だいぶ）現実味に乏しかったでしょうか……。

株主総会さん，出番です……，か？

　では，本当の株式会社の場合に，株主総会サマが登場しなくて

はならない「一大事」はどんな場面なのでしょうか。とってもわかりやすいのが,「事業の譲渡」(会社法467条)でしょう。あれっ？　なんで「会社」または「会社財産」の譲渡ではないのでしょうか。だって会社のすべての財産は株主が所有しますね。だったら,その所有物の処分については,いつだって株主たちのご意向をうかがわなければならないのでは？

　しかし,株式会社で「モノを売るとき」になんでもかんでも株主に聞かなければならないとすると,とっても面倒です。自動車メーカーが新型ハイブリッド車をたくさん造って,さあこれから販売して儲けようとしています。そんなとき,株主たちがやって来て言います。「この車たち,まだ会社のモノでしょ。だったら俺たちが株主総会で売るか売らないか決めるからね」。これ,明らかにおかしいですね。だって,株主は販売方針も販売戦略もわからないから取締役に任せたのです。だったら,そもそもどれだけの車を造ってどの地域にどれだけ販売するかは,すべて「経営」に属することがらです。経営のアタマである取締役(会)が決めないとラチがあきません。

　ですから,株式会社では,会社のあらゆる財産の処分が株主の所有権に属すべき権限となるわけではありません。

所有と経営のせめぎ合い

　それでは,鉄道会社が車両を譲渡する場合はどうでしょうか。一世を風靡したブルートレイン,古くなった客車の中には,アジア諸国の鉄道会社で余生をすごしているものがあるそうです。客車そのものは,本来これを売って儲けるわけではありませんから,上の製品としての自動車とは性質が違います。それは鉄道会社が

儲けるための「もとで」的な財産です。ああ，だったらいよいよ株主に処分すべきかどうか決めてもらわないと……。でしょうか？　いえいえ，まだ株主の出番ではありません。だって，たとえ会社のもとで的財産だとしても，老朽化した客車をいつまでも使っているような会社の電車には，誰も乗りたくないですよね。客足が遠のきます。そうしたら儲かりません。ですから，やっぱり「経営」の一環として，取締役（会）がそれぞれの会社に合った資源の処分や調達をしなければならないのです。

　それではそれでは，会社の「工場」はどうでしょうか。この工場，設備だけではなくて，ついでにそこで働く工員さんたちごと，居抜きで買ってもらいましょう（まさか人身売買はできませんから，正確にいうと工員さんたちは工場を買った会社に新たに雇われることになります）。つまり工場ひとつ，まるごと他の会社に譲るような場合です。これは会社財産として大きいのだから，さすがに株

主総会だろ。いえいえ，まだまだ！　だって，みなさんはリストラってよく聞くでしょ。工場の生産性が落ちて稼働すればするほど赤字になるなら，処分した方が会社のためです。そしてこれも「経営」の一環ですから，株主の所有権限に触れることはありません。

2　事業譲渡とは

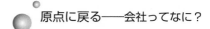

原点に戻る——会社ってなに？

だとしたら，株主の「所有」という琴線に触れるのは，いった

いどんなときでしょうか。

　ちょっと大げさかもしれませんが，ここで企業というものの正体に迫ってみましょう。そもそもこれまで使ってきた「事業」というのは，企業あるいは会社の客観的な「正体」を指す意味で用いられる用語でもあります。なんか抽象的ですが，かみくだいて説明してみますね。

　企業を始めようとすれば，どんな企業でもまず必要となるのは工場とか社屋，あるいは機械とかパソコンとか材料などの「物的資源」です。でもすぐにおわかりになると思いますが，これだけがあってもどうしようもありません。だーれもいない工場で機械が勝手に……，って，安物ホラー映画になっちゃいます。実際に物的資源を使うのは人ですから，企業には人的資源（ヒューマン・リソース）がどうしても必要になります。そして人と物が組み合わさってようやく企業は「動く」ようになります。でも，各人・各物がバラバラに組み合わさっているだけではラチがあきません。「俺はこの機械気に入ったから，ネジだけ存分に造るよ」。「私はこの PC 好きだから，勝手に新車のデザインをたくさん考えるわ」。これでは，企業全体としてなにをやりたいのかわかりません。そこで，全体を整理して，企業が一丸となって儲けに邁進できるように統括しなければなりません。株式会社ではこの統括役を果たすのが取締役（会）です。

　統括役が物的材と人的材を組織的かつ機能的に動かしていく。さあこれで，いわゆるゴーイング・コンサーン（going concern. 生きている企業という意味です）が生まれました。

企業活動の成果

　　　ゴーイング・コンサーンという人と物の有機的
な組織，なんだか企業をそれらしくイメージでき
るようになりましたね。しかしまだちょっと足り
ないものがあります。企業が「ゴーイング」して
いくと，必ずその成果が生まれます。たとえば，
製薬会社が研究の結果ガンの特効薬の開発に成功したり，お菓子
メーカーがヒット商品で大当たりしたり，コツコツと丁寧な仕事
をしてきたら「鞄といえば○○屋」と呼ばれるようになったり
……。それぞれを挙げるとなんだかバラバラのことのように聞こ
えますが，これらは全部同じ視点から捉えることができます。つ
まり，企業が活動することによってその企業体を覆うように発生
した「オーラ」です。このオーラ，取引の相手を呼び寄せる役割
を果たします。企業はひきこもりではやっていけません（**Unit5**
参照）。儲けるためには必ず取引を行いますから，その相手方を
吸い付ける「力」は，企業が儲けるための源泉となるわけです。
こうしたオーラを一口で言い表す語を探すのは結構やっかいです
が，ふつう，「のれん」とか「ブランド」とかが使われます。

　製薬会社の開発した新薬には医療問屋が殺到します。ヒット食
品は在庫が足りないぐらい出荷されていきます。着実な商売をし
てきた鞄屋さんには銀行がすぐに融資をしてくれます（この形で
出るオーラはとくに「信用」と呼ばれます）。だから企業は，ひた
すらこのようなオーラで自らを光り輝かせることを第1の目標とし
ているのです。

 欲しいのはなに？

　前記のようなオーラをバリバリに出しまくっている会社があります。周りの企業は，「エエなぁ，あんなに儲かって……」と指をくわえています。これから一生懸命活動していっても，あの会社を抜くことなんてできるのかな……。そんなときはちょっと発想の転換をしてみましょう。あの会社，オーラごと買ったら，苦労しないで儲けることができるようになるよね。これから何年かかるかわからない，そもそも自分で生み出せるかどうかさえわからない「自家製」オーラにこだわるよりも，よその企業が作ったオーラ，ちゃっかり利用しちゃおう！　実は，事業を譲渡したり買収したりするほとんどの場合はこの考え方によります。

　事業の譲渡がこのようなオーラをベースにして行われるものだとすると，そこに面白い特徴が現れます。オーラ出しまくり会社（譲渡会社）は，もともとそのオーラを自分で生み出してきたのですから，「もう1回オーラ出せ」と言われれば簡単に光り輝かせることができるでしょう。だとすると，大金払ってこのオーラごと事業を買った会社（譲受会社）はたまったものではありません。ようやくオーラを手に入れたのに，そのとたん最大のライバルと競わなければならない立場に置かれますから。

　そこで，オーラごと会社の「事業」を購入するときは，次のような約束が交わされます。すなわち，「譲受会社が譲渡会社のオーラをそのまま使って儲けるのだから（譲受会社による事業承継），譲渡会社はこれまでと同じ事業で同じオーラを生み出してジャマするのはやめてね！」。法律的には，これを譲渡会社側の「競業避止義務」といいます。

● ようやく「株主に聞きなさい！」

　さあ，ここまでくるとコトは重大。譲渡会社の株主にとっては
まさに一大事です。なにせ，競業避止義務のためにそれまでやっ
てきた事業を継続できなくなるのですから。株式会社の所有者で
ある株主は，取締役に経営を委ねるにあたって，「このお金さぁ，
なんでもいいから増殖させて」とは言いません。取締役が困って
しまいます。最低限，「こんな事業やりたいんだけど，よろしく
ね」というのが株主のスタンスでしょう。ですから，取締役に頼
んだ「事業」の種類や性質まで変えてしまう「譲渡」になっては
じめて，所有者としての判断が求められるようになるのです。会
社の在庫の処分でもない，個々のもとで的財産の譲渡でもダメ，
工場の一括移転でさえまだまだ。オーラを伴う「事業の譲渡」で
ようやく，株主総会の所有者としての判断を仰ぐ必要が出てくる
のです。

　ねっ，株式会社の「経営」は，かなりの程度まで取締役（会）
の自由裁量に委ねられているでしょ。実は，前に述べたオーラ自
体，取締役（会）の才覚によってもたらされたものです。そうな
ると，「うちの会社，ここまで儲かるオーラで輝かしたのは俺た
ちだよ。それをどう処分しようと株主の出る幕じゃないだろ」と
いう経営陣からの反論が出てきそうですね。そこをなんとか押し
とどめようとして，「経営」に対する「所有」の威厳を保ってい
るのが，会社法の「一大事」規定だと言えそうです。

合　併

　合併などのいわゆる「事業再編」についても，所有と経営の
せめぎ合いがあります。取締役（会）は経営のことを熟知して
いますから，株式会社がこれ以上は独自に経営を続けてもジリ
貧になることにいち早く気づきます。そこで，他の会社とくっ
ついて，なんとか会社を「存続」させようとします。ところが，
合併などは，合併の相手会社とうまくやっていこうとすれば，
当然に自社のそれまでのオーラを大幅に変更したり制限したり
しなければならなくなります。ですから，やっぱり株主総会に
ご登場願わなければなりません（合併については **Unit 21** で詳
しく見ます）。

Unit 7 株式会社の理想と現実

1 株主総会の実際

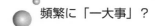
頻繁に「一大事」？

実は，**Unit6** ではとても大切な説明を１つ省いてしまいました。ごめんなさい。ここでそのことを説明しなければなりません。

一大事というと，言葉の響きとしてめったに起きない重要なできごとというイメージが浮かびますね。確かに会社そのものの換骨奪胎（売るとかくっつけるとか……）なんてことはあまり頻繁には起きません。ですから，事業譲渡や合併はまさにイメージどおりの一大事でしょう。しかし，株式会社では，別のある「一大事」がとても頻繁に起きます。えっ，それって「多」大事じゃん。なにかというと，それは取締役の選任。そうなんです。そもそも才能あるプロ経営者を選ぶのは，株主総会にほかなりません。株式会社の持ち主集団である株主総会は，所有と経営の分離というストーリーの出発点として，有能な経営のプロを選任するという大作業を果たしておかなければ，おちおち眠ってはいられないわけです。現実的には，これこそ株主総会の最も大切な機能といっても過言ではないのです。

利益処分

　ほんとはもう１つ，「毎年」株主総会を開催しなければな

らない理由があるといわれています。**Unit4**で述べた配当は期間で損益を計算して行うんでしたね。この期間は通常１年ですから，年度（おおかたの会社では４月から３月）が終わるたびに株主に「今期の利益どれだけ配当しますか？」と決めてもらわなければなりません。なにせ，利益は株主のモノですから。これを利益処分といいます。でも，「蓄え」ってとても重要です。もし株主にゲタを預けたら，彼らは目先の還元を欲して，利益を根こそぎ配当するでしょうね。会社を続けたいならそんなこともってのほか！　むしろ将来のため会社にどれだけ利益を留保しておくべきかという経営政策的な判断を優先し，株主への配当には，これを差し引いた残りを当てるというのがスジでしょう。だとすれば，利益処分を決めるのは，本来，株主総会よりも経営の専門家集団である取締役会の方が適切なはずです。大塚もそう思います。そのため，本文からは株主総会での利益処分の決定を省いております。

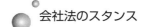 会社法のスタンス

しかしここでもやっぱり，所有と経営の分離を導き出したのと同じジレンマを，ちょっと感じます。だって，株主に経営能力がないのですから，そもそも経営が「できそうな人」を見抜くことなんてできるのでしょうか。もしホンキで株主総会に「人選」をさせたいのなら，株主に相当に気合いを入れてもらわなければなりません（もっとも気合いだけでどうにかなるものでもないでしょうけど……）。よその国の会社法では，株主総会でまず気合いの入った「取締役選定者」を選ばせ，その人たちでワーキング・チームをつくって取締役を選ぶ，なんて手の込んだことをしていることもあります。

でも，日本の会社法は，「自分で株式会社貯金箱を動かすわけ

ではなく，あくまで手腕のありそうなパイロットを選ぶだけなの
だから，まぁ，持ち主である株主がやってよ……」的なスタンス
をとっています。そして，「いったん選んでも，ダメだったらク
ビにすればいいじゃん。また別のやつを選びなよ」という趣旨で，
株主総会に取締役の選任権のみならず解任権も与えているのです
ね。そしてこの選任・解任のセットをやりやすくするために，会
社法は取締役という職務を「任期制」にしました。つまり，必ず
定期的に株主総会のお墨付きをもらえなければ，取締役を続ける
ことはできないのです。あらー，株主総会の側としては，なんだ
かとても忙しいですね。なにせ，2年（原則的な法定任期です。毎
年数人ずつ取締役を選任している会社では，毎年……）ごとに神棚
から降りてきて，取締役の選考会議を開かなければならないので
す。

サボりたい……

　このような日本の会社法の姿勢，肝心の部分でかなり楽観的な
観測に頼っていると思いませんか。「1人ひとりは無能な株主で
も，集まって決めれば，なんとなく『正しい』方向の人選をでき
るんじゃないの……」。中学校のホームルーム的発想ですな。ク
ラス委員を決めるとき，いじめっ子やら泣き虫やら，いろんな生

徒がいるのに，気づいてみればド
ラえもんの出木杉君みたいな子が
クラス委員に選出されていたでし
ょ。そんなとき，最後のキメテと
して結論を引っ張り出すのに使わ
れるのは，多数決！　おお，これ

さえ使えば，なんとかなるものだ！　多数決って，なんて素敵な民主的制度なんだ！

　しかーし，はっきり申しましょう！　株主総会ではこんな理想論は成り立たない！　遊休資本型ノルちゃんである株主は，とことん面倒なことは嫌いです。そりゃー，中学生だったとき，みなさんもホームルームなんて「タリぃなー……」と思っていたのは知ってますよ。でも，少なくとも無理やりにでも参加させられていたでしょ。先生，怖いもの……。ところが，株主総会を開催するとき，脱走しそうな株主の首根っこをつかんで教室に放り込むようなコワモテの先生はいません。みなさんが株主だったら，絶対サボると思いませんか。

●株主は会社経営の行方に強い関心があるはず

　ここで，「そんなことないよ！　クラス委員なんて誰だっていいと思っている中学生と違い，株主には出資した遊休資本を増やしたいというモチベーションがあるんだから，むしろ切実に株主総会で有能な人材を選びたいと思うはずだよ！」と考えたあなた，この本のここまでの部分，とてもよく読んでくれてますね。ありがとう！

　そうなんです。クラス委員は，みなさんの弁当の質を良くしてくれましたか？　みなさんのお小遣いを増やしてくれましたか？　そんなことしてくれなかったでしょ。だから，ホームルームには積極的に参加する気がしなかったのです。それに比べて，取締役は経営がうまくいくと，みなさんの出資した遊休資本を増殖させてくれるのですよ。配当は増えるし，株式の売値も高くなります。だとすれば，株主総会で株主は取締役を選んだりクビにしたりす

ることについて，とても強い関心を持つ「はず」ですね。

　会社法は，この視点から，株主には株主総会に積極的に参加するインセンティブが高いという前提をとっています。そして，株主総会での投票の前提として会社経営について詳しく知るための権利（会計帳簿閲覧権等），株主総会の当日に取締役に対して堂々と質問する権利（質問権），さらには株主総会で自分の意見を検討してくれるように申し入れる権利（提案権）などを用意することで，株主が総会でフルに暴れ回れるようにバックアップ体制を整えました。そしてこのような周到な準備をしておいて，いよいよ株主総会における株主の「多数決」への参加です。株主総会での多数決は，原則として1株について1票の「議決権」の行使によって行われます（もとでを形成する貢献度に比例して意見表明の影響が大きくなければおかしいですから，票数は株式の保有数に応じます。これを資本多数決といいます。なお，株式の価値が均一であることは，**Unit 13** で説明します）。うんうん，なるほど！　さすがに株主総会は，中学生のホームルームとはワケが違うね。

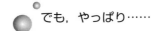

でも，やっぱり……

　ところが，話は二転三転……。やっぱり現実の株主総会，株主はサボるんです。えっ，遊休資本を増やしたいというモチベーション，どうなっちゃったの？

　実は，そのモチベーションを貯めようとしても，株式会社というバケツ，うっかり底抜けだったんです。**Unit 4** で株主の利益の回収の方法を2つ紹介しました。配当と株式譲渡です。もし株主が配当だけしか楽しめないとすれば，今の取締役にしっかりと働いてもらわないとラチがあきません。ですから取締役選びに積極

的かつ慎重になります。しかし，株主は自分の持っている株式をそっくり他人に売りつけるという方法で，自分の株式の財産的価値を回収することができます。

　さあみなさん，次の２つのうち，どちらを選びますか。①会社法が用意してくれている株主の権利をフルに活用し，会社の経理状態をしっかり調べて，株主総会で取締役に不審点を詰問し，場合によっては自分で新取締役の案を練って提案しておき，株主総会の場で取締役の選・解任権を「適切に」行使する，②あまり儲からないと思ったら，株式を売り払う。

　もちろん会社法が絶賛推奨中なのは①でしょう。でも，会社法が用意する各種権利を駆使し「適切に」おバカな経営陣を引きずり降ろすまでの間に，会社の屋台骨は大きく傾いてしまうかも……。それよりも，ちょっと「儲からないなァ」と感じたら，②のように株式をすぐに売った方がヤケドをしないで済みます。そう，株主は浮気者，彼女・彼氏の悪いとこがちょっとでも見えたら，すぐバイバイ。株主総会をサボるどころか，株式会社自体を見限ってしまうのです。

2　株式会社を牛耳っているのは誰？

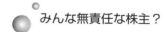

みんな無責任な株主？

　予期しない相乗効果とは恐ろしいものですね。株式譲渡自由の原則は，本当は出資払戻禁止に対抗するために導入されたのですが，廻り巡って，株主の会社経営への積極姿勢を奪うことになってしまいました。いつでも逃げ出せるようにケツを浮かしている（下品でごめんなさい……）株主なんて，株主総会にじっくり参加

するどころではありません。浮気者になった株主のことを，会社法の予定した株主総会への積極参加システム（前頁の①のような）を機能させていないという意味で，「無機能株主」と呼びます。実はこの無機能株主は，取締役の選・解任の場面だけではなく，ほんとの一大事である事業譲渡や合併なんかのときでもはびこります。そのため株主総会はいつも閑古鳥が鳴くんです。

　あれっ？　株式会社の株主がみーんな無機能株主だとしたら，そもそも株式会社では誰がどんな決め方で取締役を決めているんでしょう。実際の株式会社で，株主の無機能株主「化」がやむを得ないことだとすれば，株主総会が成り立たなくなってしまいますね。少なくとも，会社法がお花畑的にイメージした，「さあ，みんなで集まって決めようよ！」的な株主総会像は，ガラガラと音をたてて崩れてしまいます。極端な言い方をすると，こんな理念的な株主総会像はもはや維持できないのではないでしょうか。

● 理念と現実と……

　この理念が立ち行かなくなっているにもかかわらず，日本のほとんどの株式会社，何事もなかったかのように動いていますよね。もしかすると，「現実」っていうオトナの世界の対応が幅をきかせているの？　うーーん，せっかくここまで，汚れを知らないとってもキレイな「理念的株式会社」の法理をお話ししてきたのに……。

　しかたがありません。読者のみなさんがあまりに純情な株式会社観を持ったままだと，実際の株式会社に触れて大いに幻滅してしまうかもしれません。だから，この本でも，あまり気が進みませんが，現実ってやつを直視しておくことにしましょう。

この本でここまで見てきた「理念像」では，株式会社というシステム，資本主義社会の優等生的存在でした。なにせ株式会社は，もともと企業活動には縁もゆかりもない一般庶民から遊休資本をくみ上げ巨大な企業資金を形成するという，いわば「企業の井戸」なわけです。庶民であるノルちゃんは，ちょっとしたお金を増やしたいなと思ったときに，手軽に企業社会につま先だけを突っこみます。そして，集まったもとでの使い方は，プロである雇われ経営者に丸投げ。その限りで見れば，株主は「みーんな，ハッピー！」というユートピア的な企業が思い描かれます。

 ### お世話好きの会社法

あらためて確認しておきますと，このノルちゃんは，もともと企業のことなんかちっとも知らないド素人だからこそ，そのお世話をする会社法はとても大変になるのです。出資するとどうなるかのシステム（株式というものの権利関係）や，どうやって動かすか（所有と経営の分離）など，ファイナンスでもガバナンスでも，微に入り細をうがった枠組みを用意しなければならないというわけです。

会社法には「遊休資本」の定義がない⁉

でも，ここで会社法についてとても重要な点をみなさんにお知らせしておかなければなりません。会社法には，「株式会社の株主には，遊休資本を出資した者しかなれません」という条文はないのです。せっかく遊休資本を持つノルちゃんを前提として，出資の払戻禁止やら所有と経営の分離やら，ファイナンスとガバナ

ンスの詳細な仕組みを作り上げたにもかかわらず，会社法は，肝心の株主像については一言も触れていないのです。

　それもそのはず，遊休資本を実際に判定することはとっても難しいのです。遊休資本とは具体的にどの規模のお金をいうのでしょう？　企業社会に暮らしているとか暮らしていないとか，どこで判断するのでしょう？　たとえば，勤めもしないで昼頃起き出して，近所でもヒソヒソ「危ないわねー」と言われているひきこもりのお兄さん，実は夜中にパソコンで数百億円単位のお金を動かして「株をやっている」，知る人ぞ知る大物「投資家」なのかもしれません。

　会社法は太っ腹です。一応は遊休資本を前提として株式会社の構造を組み立てたけど，お金が集まるんだったら，誰でも株式会社を利用していいよ。「企業」が最も育ちにくい遊休資本という土壌を耕して株式会社という稲を実らせようとしたけど，もともと企業が育ちやすい土壌の畑（虎視たんたん型ノルちゃんやヤルちゃんの畑）で「株式会社」銘柄の稲が豊作になるのは一向にかまいません。社会が企業で満ちるのですから，むしろいいことではありませんか！

● 無機能株主からの白紙委任

　さてそうなると，虎視たんたん型ノルちゃんやヤルちゃんにとって，株式会社はとても便利な（というより本音をいえばオイシイ）制度です。1つの株式会社として，自分たちの畑と広大な遊休資本畑をくっつけてしまえばいいのです。なにせ，株式会社のおかげで肥沃になった遊休資本畑の部分には，企業の井戸ですから資金はジャブジャブあります。ところがその持ち主の無機能株

主はちっとも耕そうとしません。
だから，自分の畑の部分からそ
っちまでトラクターを乗り入れ
て，広ーい畑を自由に使えばい
いのです。

　もうおわかりですね。虎視たんたん型ノルちゃんやヤルちゃん
は，ある株式会社の株式をある程度の割合，引き受けたり買い占
めたりします（計算づくで株式の買い占めにかかる「敵対的企業買
収」とそこでのバトルについては，**Unit22** で詳述します）。そして株
主総会では，自分の息のかかった取締役候補を推薦し，あるいは
自分自身が取締役候補として名乗り出るのです。残りの株主は無
機能株主ですから，株主総会には参加しません。ですから，「多
数決」で，いとも簡単に株式会社の経営を牛耳ることができるよ
うになるのです。

　まぁ，あまり露骨に無機能株主の不参加が目立つと困りますね。
たとえば発行した株式の2% しか賛成がないのに取締役になっち
ゃったりすると，ちょっとエー？って思うでしょ。カッコ悪いで
すね。そこで，総会の前になると，この虎視たんたん型ノルちゃ
んやヤルちゃんが，無機能株主から「議決権」を「白紙委任」と
いう形で集めることが横行します。株主総会では，「賛成多数で
ございますので，本件は了承されました……」と議題ごとに締め
くくられますが，アレって実はほとんどがこの白紙委任票なんで
すよ。

会社法の現実的課題

　とまぁ，このようなわけで，現実の株主総会は，一部の株主が

無機能株主の権利（とくに議決権）をかき集めようとする「草刈り場」となっています。株式会社を牛耳ろうとする「企業家」にとっては，いかにして株主総会で「自分への支持」を集めるかが重要な課題となるわけです。

　ただ，こうした一部の株主による株式会社の「支配」が続くと，当然，様々な悪弊が出てきます。そもそもこのような現実の下では，一度選任された取締役は，やめさせられるということがなくなってしまいます。どこかの国の独裁政権と同じです。そうなると経営は絶対に弛緩してしまいますね。取締役経営陣は，常にプレッシャーをうけていないと効率的な経営をめざすことができません。このことから，現在の会社法の喫緊の課題は，無機能株主の横行する中で，どのような手段で取締役の固定や経営の弛緩に圧力をかけることができるのかというポイントにあります。

Unit 8　ノルちゃんの責任
——事業と有限責任

1　無限責任と有限責任

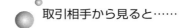

取引相手から見ると……

　さて，ここで初心に戻って，株式会社よりも広い範囲の「企業」に再び目を向け直してみましょう。株式会社に限らず，企業は事業を展開します。すでに述べたように，企業はひきこもりではやっていけません。儲けを出すためには，絶対に，様々な「相手」と取引を交わしていかなければならないのです。

　ちょっとカメラアングルを変えて，企業と取引をする相手サイドに立ってみることにします。相手から見れば，企業の実体はとても気になるところです。とくに，本当に取引で約束したとおりのことを果たしてくれるのかは，相手にとっても死活問題です。よく世間では，できもしないことを大げさに吹聴する人について，「またあいつ，不渡り手形出してやがらぁ」などといいます。これ本来は，企業が期日に代金などの支払を約束した「手形」が銀行で決済できなくなってしまう（つまり支払ができない！）ことを指します。お金が払われないわけですから，このお金をあてにしていた相手は大打撃です。企業同士の取引は複雑に絡み合っているのが常で，この相手も企業であることが多いのですが，その場合，相手自身が，支払われる予定のお金で，別の取引（自分が「支払う」側に立つ取引ですね）を決済しようとしていることがあ

ります。そうなると，またその取引が破綻してしまいます……。
不渡り手形1通でドミノ倒しのような連鎖倒産が起こるのはその
ためです。

● 個人企業の心得──事業をヤルということ

　そうだとすれば，取引相手にとって，企業が約束を守る，とく
に約束どおりにお金を支払ってくれるということは，最も重要な
関心事です。取引相手としては，この「信用ファクター」を見極
めた上で，取引に応じるかどうかを決めるわけです。

　この企業の信用力について掘り下げてみましょう。まずなんと
いっても，事業を「ヤル」やつは，自分の持てるすべての資金を，
事業のために供出するのが原則です。人は誰でも，自分のヤルこ
とに責任を持たなければなりません。だから，事業を自分でどん
どん推進するやつは，その結果負担することになるあらゆる義務
に，全身全霊で応えていかなければならないのです。たとえば，
個人企業として1人で事業を展開している輸入業者がいるとしま
しょう。たいへん儲かっているので，ベンツを3台，軽井沢に別
荘を1軒，逗子にヨット1艘を持って，優雅に暮らしています。

これら「私生活」上の財産は，事業とはまっ
たく関係ないように見えますよね。しかし，
ベンツも別荘もヨットも，この個人企業の事
業のための「潜在的なもとで」になっていま
す。事業が暗転して，取引相手が「金払え
っ！」と押しかけたとき，「すみません，こ
れは私物ですので……」という言い訳は一切
こきません。取引の相手からすると，目の前

で直接に事業に使われている資金だけではなく，全財産，つまりベンツや別荘やヨットを含めた，背後の潜在的財産をあてにできます。相手は取引の支払を求めて，この個人企業者をとことん追い詰めることができるのです。

　事業をヤルことをあえて選択した者は，すでに「企業人」です。この人は，いついかなるときも，社会では「企業」として扱われます。たとえプライベートにくつろいでいるように見えても，それは世を忍ぶ仮の姿！　この人は，いつでも事業に臨戦態勢です。つまり，個人「企業」の私生活は，事業活動に飲み込まれてしまいます。これにより個人企業は「身ぐるみ剥がされる」危険にさらされますが，それは決して酷な結果ではありません。なにせ，自分でわざわざ「儲ける世界」に飛び込んでいったのですから……。事業をヤルやつが置かれるこのような状況を，「無限責任」と呼びます。

● ノルちゃんの責任

　その一方で，「ノル」やつはどうでしょう。もちろん，ヤルやつにお金を出すときに，「俺の全財産，お前に賭けたっ！」といって，ヤルやつと運命をともにする人がいてもおかしくはありません。でもふつう，ノルやつは，事業の遂行に口出しできない（または制限される。**Unit 3** 参照）わけですから，自分で「ヤった」ことに責任を負うというには，いささか抵抗があります。事業はあくまで他人（ヤルやつ）が「ヤって」いるのですから，「なんで俺が……」という気持ちはくすぶります。そこで，ノルやつの場合は，その事業に投げ出したもとでを，自分の持つ全財産から分離する便宜が考え出されました。確かに，事業のために供出し

　たもとでは，自分で欲をかいて事業に「ノった」わけですから，自分で選んだ事業と運命をともにします。でも，「ノった」のはその部分だけにとどまり，あとの財産は，事業とは一切のかかわりはありません。つまり残りの財産は，潜在的にも「事業資金」にはなっていないわけです。

　この場合は，取引相手の立場からいうと，「ノった」だけでは身ぐるみ剝がすわけにはいきません。相手が信用できるのは，目の前で事業に使われているもとでだけで，その背後には潜在的な「事業資金」は一切存在しません。これで，ノルちゃんは，安心して「私生活」を送ることができることになります。これを「有限責任」と呼びます。

　株式会社の株主は，ノルちゃんの究極の姿でしたよね。株主が提供するもとでは遊休資本と呼ばれ，事業の世界に投下されたことさえ奇遇なオカネでした。事業の遂行は，完全に他人まかせです。しかもこの「他人まかせ」は，株式会社という法構造の中で，当然に予定された仕組みでしたね（所有と経営の分離。**Unit3**参照）。某株式会社の株式を1株手に入れたと思ったら，あるときその会社の取引相手がやってきて，「お前，事業にノったんだから，身ぐるみ寄こせ！」と迫ったとすれば，理不尽きわまりないでしょう。そもそもそんなことが起こるようでは，怖くて株に手を出すこと自体，できなくなってしまいます。そんなリスクがあると，遊休資本という社会の莫大な潜在的資金を掘り起こすことが難しくなってしまいますね。だからこそ，株主の出資には，「他人まかせ」とともに「有限責任」をペアリングしてあげなければならないのです。

2 困った実態

わが国の特殊問題──個人企業の法人成り

ところが，ある様式の図面を用意しておいても，そのとおりに動かないのが世の中の難しい（面白い？）ところです。**Unit7** でも述べたように，株式会社の株主は「遊休資本の持ち主に限る」と法で規制することはできません。だって，どの程度の財産を遊休資本と呼ぶかさえ判然としませんから。あるマスメディアが日本人にアンケートをとったところ，およそ9割の人が「自分は中流である」と回答したそうです。「ふん，貧乏人どもめ！　お前らよりいい生活してるよ」とほくそ笑んでいる人も中流，「えぇー，お前，その生活ふつうなの？　俺なんか底辺だったんだ……」と落ち込んでいる人も中流，基準が明確でないためにみんな中流……。そんな状況で，遊休資本の持ち主とは，いくらいくらの生活をしている人たちと決めることなどできません。

この盲点を突いて，日本では，大きな問題が発生してしまいました。「ヤル」気まんまんの事業主が，「ノル」側の典型である株主となって株式会社をつくるという，個人企業の「法人成り」現象です（「法人成り」というよりも，「株式会社成り」と呼ぶ方が適切です）。

チャラ男，ずるいじゃないの！

そのもくろみは，もっぱら株主の「有限責任」を利用するために行われます。前述したように，原則として事業を「ヤル」やつは，直接に現に提供しているもとでの背後に，自分の持てるすべ

ての財産を潜在的もとでにして，「やるからにはとことん責任を負え」という精神で事業に邁進していくのでしたね。ところが，同じヤルやつが，株式会社を設立して，自分の財産の一部だけを使って発行する全部の株式を引き受けたとします。そうすると，上で見たベンツや別荘やヨットは，株式会社に供出されたもとでとは別の財産として，取引相手からの追及を免れることができます。つまり，ヤルやつが株式会社を利用すると，事業活動用の資金を私生活の財産からきっぱりと分けることが可能になるわけです。実質的には個人で「ヤル」事業のくせに，ちゃっかりと株主，つまり「ノル」やつの皮を被っちゃっています。

　取引の相手は，事業主が無限責任を負うと思って，個人の総財産つまり背景の潜在的もとでまであてにしているのに，当の事業主は，「俺は株式会社の株主だから，事業のもとではここにあるだけだよ！」と有限責任を振りかざします。こうした開き直りを許してしまっては，事業を「ヤル」ということに対する自覚と責任がとても希薄になってしまうのです。誰でも，失敗すると身ぐるみ剝がされてしまうと思えば，一生懸命やります。でも，「失敗しても，この株式会社1つダメになるだけか……。そんなら，これ潰して次の株式会社作ろうっと！」では，真剣な事業運営は

できません。まるで，次から次へと女の子にアタックするチャラ男です。チャラ男事業主に翻弄される取引相手はたまったものではありません。あんた，本当にアタシと真剣につきあう気があるの！

法人格否認の法理

　そこで，チャラ男から株式会社という皮をひき剥がす手法として，「法人格否認の法理」というものが持ち出されました。なにやら難しそうな名前ですが，要は，「お前のようなヤツは株式会社を使っちゃダメなのよ」ということです。本当は個人事業主ですから，前の彼女（取引相手）に全財産で償ったら次のつきあいを始めるどころではありません。「チャラチャラ新しい株式会社をいくつ作ろうと，お前個人の事業を無限責任でやっているものとして扱うよ！」，これがこの「法理」の言いたいことなのです（株式会社システムの「濫用」という言い方をします）。

　チャラ男ほど酷いと，はじめから女の子（取引相手）を泣かすつもりの悪いヤツというイメージが湧きます。そんなヤツには当然に鉄拳制裁をしなければなりません。でも，今の日本では，零細な個人事業主のかなり多くが有限責任を利用しようとして，安直に株式会社形態を採用しています。積極的ではないにせよ，消極的にはチャラ男予備軍を形成してしまっているわけです。有限責任は，遊休資本の集積とか所有と経営の分離とか，株式会社システムの基礎原理をしっかりと踏まえなければ説明できない特別優遇制度なのです。それを，株式会社システムそのものを使う必要のまったくない個人事業に導入することには，どだい無理があります（株式会社システムの「形骸化」という言い方をします）。結果的に女の子を泣かしてしまったら，やはり法人格の否認によって事業主の無限責任を追及すべきでしょう。

割り切れない……

　ところが，もしこうした予備軍まで徹底的に叩いてしまうと，日本全体の中小・零細企業の活力を削いでしまうことになりかねません。こうした法人成り企業では，有限責任が，本来の「遊休資本の集積」を促進しているわけではありませんが，個人が「事業に乗り出す」モチベーションを高めていることは間違いありません。有限責任が実質的な個人企業主の「希望の星」となっているなら，そこに一気に冷や水を浴びせてしまうと，日本全体の事業活動が停滞してしまいかねないのです。

　以前，会社法は，チャラ男もチャラ男予備軍も本来の株式会社と一律に扱い，実質が個人企業であろうとも株式会社の「形式」だけは絶対に維持しなければならないとしていました。たとえば，3人以上の取締役で取締役会を設置して，経営は株主総会ではなくこの取締役会で決めるということを法的に要請していたのです。でも，平成17年に新しくなった会社法は，それまでの方針を転換しました。所有と経営が分離する理論に忠実な株式会社のほかに，1人の事業主が全株式を引き受けて，株主総会（実質的にはこの1人だけ）が経営をバリバリ進めていくような，いわばエセ株式会社を容認したのです。株式会社の法理念を守るか，それとも日本の事業活性化のためにそれに目をつぶるか，ジレンマにさいなまれた結果でした。そうなると，むやみに法人格否認によって法人成り事業主の無限責任を追及するのも，善し悪しですね。

　現在の会社法は，一方で遊休資本型ノルちゃんのために所有と経営の分離の徹底された株式会社を想定していますが，他方では所有と経営が一致する，つまりヤルちゃん専用の株式会社も用意

しているのです。

 取締役の対第三者責任

　会社法429条という規定に，株式会社の取締役が「その職務を行うについて悪意又は重大な過失があったときは……これによって第三者に生じた損害を賠償する責任を負う」と定められています。これ，上述のチャラ男対策として結構有効な使い方ができます。個人事業主は株式会社化した後でも，きっと取締役になって事業を仕切っているはずです。ですから，「第三者」である取引相手に対して，個人財産でその「損害」（たとえば不渡りになった手形の金額）を償うというカタチにすれば，実質的に無限責任を取り戻すことができます。裁判所は結構厳しくて，個人企業である株式会社が倒産するだけで，「お前が潰したんだろう！」と実質的事業主の損害賠償責任を認定します。

Unit 9　理論的王道からの逸脱？
——閉鎖型の株式会社

1　ひいじいちゃんの創業だよ

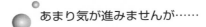
あまり気が進みませんが……

　Unit 8 で見た個人企業の法人成り，あんまりホンキで相手したくないですね。だって，この本で説明したい株式会社本来の仕組みとはかけ離れていますから。でも実はもう 1 つ，お話しするのに気が乗らないことがあるんです。「閉鎖会社」っていうテーマです……。

　Unit 3 では，株式会社は「まずお金ありき」から始まっていると言いました。**Unit 4** では，株式会社は自走型貯金箱だと言いました。そして，**Unit 2** と **Unit 5** では，遊休資本でノる株主は，株式会社の経営を決定することを本来的に予定されていないと言いました。要するに，株式会社というハコに「集まる」のは，あくまでお金であって人ではないということですね。金，カネ，かね……。お金こそすべてなのです。理論の上では，きっとそのように割り切る方が，株式会社の構造を説明しやすいと思います。ですからこの本は徹底してカネの集合体としての株式会社を説明していく……，つもりでした。

　でも，やっぱり，株主たちはせっかく「集まった」んだから，経営がわからないなんていわないで会社に関心を持って，みんなで会社経営を盛り立てていこうよ。ときには肩を抱き合ったり，

ときにはケンカしたり，それで「つまづいたっていいじゃないか　にんげんだもの　みつを」（相田みつを『にんげんだもの』より）。株主が人として集合していることに意味がある，このような「にんげんだもの」型の株式会社では，株主がみーんな知り合いですから，株主総会の構成がとても重要になります。実は，日本の株式会社にはこの「にんげんだもの」型がとても多いのです。とくに，家族が関与する会社が典型です。ひいおじいちゃんが始めた事業，一族にとても大きな利益をもたらしました。長男が立派な家を建てられたのも，孫が留学して一人前の医者になれたのも，ひ孫が大学を留年できるのも，みんなこの事業から出た儲けのおかげです。この事業は，究極のところ，その儲けで一族の繁栄をもたらせばいいんだという経営姿勢に基づいています。

家族と会社の一致

　こうした目的のセコい，いえいえ失礼しました，目的の限られた事業を株式会社でやろうとするとき，親族以外を参加させる必要はありません。そして創業者のひいおじいちゃんがおおかたのことを仕切ります。ひいおじいちゃんは，おバカなひ孫のことをことのほか可愛がっています。そこで，ひ孫の持つ株式には特別に配当を多くしてやろう，それで留年の学費を出せばよろしい，とジジバカぶりを発揮します。そのことを株主総会で決議するには，ひいじいちゃんが実質的な支配権を持つ必要があります。この会社では，ひいじいちゃんが15株，じいちゃんが12株，と

うちゃんが7株，息子が2株を保有するとしましょう。単純に1株に1議決権が着いているとすると，ひいじいちゃんはエゴを押し通すことができないです。ところが，ひいじいちゃんの持つ株式はとても特殊で，1株について3議決権を与えられています。そうすると，株主総会を開けば，必ずひいじいちゃんの思うとおりになります。

Unit13 で詳しくお話ししますが，1株式に与えられた内容は原則として均一であるのがふつうです（株主平等原則）。ところが，この種の株式会社では，株式の内容は，それを持つ家族の位置関係に応じてあたかも家族の中のシキタリの1つであるかのように決められています。ひいじいちゃんの言うことには逆らえないや。株式の中でも格差が付けられています。それでもすべての株主ががまんしているのは，家族だから……。ひいじいちゃんのおかげで，一族が繁栄してきたのです。文句は言えないよなぁ……。

2　株式譲渡自由だって言ったじゃない！

迷い込んだアカの他人

　しかし，逆に言えば，家族の一員でない人がこの株式会社に遊休資本を出資すると，さあ大変！　このアカの他人は，会社のあげた儲けで出来損ないのひ孫が留年するなんて知ったら，「バカやろー！」ですよね。「きっと改心して将来会社を引っ張っていってくれる……」なんていうひいじいちゃんの身びいき妄想なんか，経営に持ち込むなよ！　儲けが出たら，みんなに平等に還元してくれよ。つまり，ひいじいちゃんの身びいきも，「しかたないでしょ，にんげんだもの……」とあきらめている家族株主と，

ドライに出資に応じた儲けをくれと迫るアカの他人株主とは，水と油。絶対に利害は一致しません。

　となると，このような家族株式会社（一般には「同族企業」といいます）には，危険ですからアカの他人株主を入れてはなりません。家族株主の側からすれば，アカの他人は一族のシキタリ経営のじゃまになりますから，入って欲しくありません。それなのに，ああ，それなのに……。**Unit 4** で述べた，株式会社のとても重要な特徴がありましたね！　そう，株式譲渡自由の原則です。これによって株主は，出資払戻禁止があるにもかかわらず，貯金箱からもとでを取り戻すのと同じ効果を得ることができました。家族のメンバーが，さすがにひいじいちゃんの独裁ぶりにいやになってしまったら，もういいよ，株式売っちゃおう……，と考えることだってあります。そうなると，この株式を購入することによって，アカの他人がこの会社の株主になれてしまうのです。

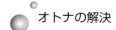 **オトナの解決**

　会社法は，この問題に直面して，とても大きなジレンマに陥りました。理念を徹底すると，株式譲渡自由の原則を譲ることはできません。なにせ，株主という個人の財産を，株式会社に縛り付けたままにする出資払戻禁止は，ヘタすると憲法の「個人の財産権の保障」に反してしまうかもしれないのです。譲渡自由によって，これを大きくガス抜きしておかないと，違憲訴訟が起こってしまいかねません。しかしこれに対して，現実に日本にとっても多い同族企業で，いつの間にかアカの他人が株主になっていたなんてことが頻発すると，その企業にとっても迷い込んだ他人にとっても，悲劇です。さぁ，どうする会社法？　株式譲渡自由を維

持するのか，はたまた同族企業では株式譲渡を禁止するのか……。

　だいたいどんな局面でも，世の中こういうジレンマに困ると，「オトナの解決」っていうのが登場しますね。そうです，折衷案です。会社法は理論的に株式譲渡自由の原則を維持することを前提としました。つまり，同族企業の株主は，いつでも自由に株式を「売ろうとする」ことができます。しかし，ここに現実的な調整を入れることにしました。売りたい家族メンバー（たとえば前述の例でとうちゃんの7株）は，その会社に「ひいじいちゃんにはもう我慢できないから，俺の株式売るよ」と通告します。そうすると，会社は株主総会を開いて（場合によっては取締役会でもいいことがあります），「7株がアカの他人にいくと困るから，誰か家族のシキタリに従うヤツを買い手にしちまえ」と決めることができるのです。じいちゃんをこの買い手にして，この際19株もってもらおうとか，家族の誰かの嫁さんを引き入れようとかですね。究極の場合は，この株式会社自身が買い手になってもかまいません（**Unit 12** に見る自己株式取得）。

会社法は太っ腹？

　これによって，売りたい家族メンバーは，相手を自由に選ぶことはできなくなるものの，株式を売ってもとでを回収することは絶対的に保障されます。一方，会社にとっても，不都合なアカの他人が株主になってしまうことを防げるようになりました。まあ，ふつうの株式会社とはかなり異なりますが，一応，株式譲渡自由の原則の面目を保つことには成功しましたかね。この場合，株式は社会全体に広範に拡散することはありません。株式は「閉鎖された」域内にとどまります。そこで，結局のところこのような

「にんげんだもの」型の株式会社は，一般に「閉鎖会社」と呼ばれることになりました。

　かつて会社法は，この閉鎖会社を株式会社という枠から外してしまおうと考えていました。「有限会社」という種類の，株式会社に似た（そのちょっと小規模を予定していた）資本集積企業です。そこでは，所有と経営の分離はありませんでした（出資者総会がなんでも決める）。持分の間に均一性もありませんでした（出資者ごとにそれぞれの持つ持分の内容を決められる）。持分の譲渡も制限できました。同族企業はこれになるように誘導されたのです。ところが，この誘導を拒否した同族企業がとても多かったのです。やっぱり，株式会社という名称にはハクがあるんですね。

　そこで今の会社法は，有限会社を完全に廃止しました。なりたいっていうなら，閉鎖会社も株式会社にしてやったらいいじゃない。株式会社制度で，どーんと面倒見ちゃおう！　おお，太っ腹！　でも，法律が太っ腹になると，えてして「いいかげん」と紙一重になってしまいます。現在，会社法では，有限会社時代の特性をそのまま持ち込んだ「株式会社」が公然と認められています。とくに注意しておきたいのですが，そのような所有と経営が一致する株式会社では，取締役会が置かれておらず株主総会が唯一のアタマになります。本書の「はじめに」で触れた会社法295条1項は，この経緯から2項より後になって挿入されたんです。ここまでこんなに苦労して「所有と経営の分離」を株式会社の特性として力説してきたのに！

　せっかく分かりやすくお話ししようと思っているのに，会社法そのものが複雑化してしまいました。残念！　でも気を取り直しましょう。閉鎖会社を株式会社に入れたのは，あくまで現状追認

にすぎません。したがって，理論的特性を語るには，やはり本書で述べてきた株式会社像を「王道」に置く必要があるのです。

バカにできない閉鎖会社

　とは申しましても，会社法クンには大いに同情を禁じ得ません。閉鎖会社は，確かに理論的には異質です。しかし，現実の社会では，同族企業がとても大きく成長していることがあります。たとえば，お口の恋人・ロッテ（重光一族），大ゼネコンの竹中工務店（竹中一族），高級インテリアの大塚家具（大塚一族，ちなみに筆者の大塚はこの一族とは無関係です。残念……），話題に上ることが多いでしょ。もう1つ，同族企業以外でも，重要な閉鎖会社があります。たとえば，2つの大企業が共同出資をして，その2企業（親会社といいます）が半々の株式を持っているような閉鎖会社（子会社といいます）です。これはさすがに株式を自由に譲渡できるなんてことをしては困りますので，文字どおり閉鎖的な色を持ちますね。したがって，経済社会での重要度からしても，閉鎖的株式会社を無視できないことがあるのです。

Part 2

お金を集める
──ファイナンス

Part1 でいろいろな株式会社の基本的シキタリを見てきました。ソシアルダンスにたとえれば，ベーシックステップを（裏技まで含めて）覚えていただいたところです。さあ，いよいよダンスパーティーにデビューです！　はじめてのパーティーは，「ファイナンス」。あなたのお相手として，お嬢やイケメンがそろっています。果たして覚えたてのステップでうまく踊ることができるでしょうか？　慎重に，大胆に，どうかダンスを楽しんで下さい。

Unit 10　新たなもとで集め
——新株発行

1　活動開始後のもとで集め

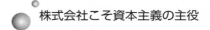
株式会社こそ資本主義の主役

　くどいようですが，もう1回確認しましょう。株式会社という貯金箱には，遊休資本というお金が集められます。この貯金箱は，こうして形成されたお腹の中の大金を増殖していきます。貯金箱を設置するときに入ったお金が「もとで」，その総量を超えて増殖した分が「儲け」ということになります。株式会社貯金箱の唯一の存在意義は，こうしてもとでとなる資金をたくさん集め，儲けを狙ってうまく立ち回り，貯金箱の状態を最善にキープしておくことにあります。

　資本主義の世界では，企業の活動にお金を投入してこそ，お金を「働かせている」と評価できます（「遊休」資本という名前の由来を思い出して下さい。**Unit2**）。株式会社貯金箱に入れるということは，まさにこの企業活動にお金を使うことにほかなりません。ですから，なるべく多くの遊休資本を，なるべくたくさんの株式会社貯金箱たちに放り込むことは，社会全体で経済活動を活発化させるためのキーポイントになります。

「一発芸」ではない株式会社

　ところで，もちろん上のような貯金箱のもとでの「量」も大切

なことなのですが，もう1つ重要なことがあります。それは「期間」です。もし株式会社がお風呂のアブクのように，プクプクと生まれては消えていく存在だとしたらどうでしょう。せっかく集めた遊休資本，ごく短期的にしか企業活動に投入できないことになってしまいます。ですから世の中の経済の活性化のためには，いったん「動き」はじめた貯金箱はなるべく長く存続させる方がいいに決まっています。そして，せっかく継続させるのですから，この貯金箱は単発的ではなく，それが動いている最中でもたくさんの遊休資本を追加投入できるようにしておけば，さらに多くの遊休資本を「働かせる」ことが可能になります。このような追加的なもとでの調達は，法律的には新株の発行という仕組みによって実現されます。

お金はいつ必要になるの？──儲かっている会社こそ

　このようなわけで，長く継続することを求められる株式会社は，一番最初に事業を開始するときばかりではなく，その後も必要に応じていつでも追加のもとでを集めることができます。ただこの「必要に応じて」にはちょっと注意しなければなりません。

　確かに株式会社は，貯金箱内のお金を増殖させることが目標ですが，すでに述べたように（**Unit4**）世の中うまい話ばかりではありません。逆に大損を出してお金が減ってしまうこともあります。痩せ細ってしまった株式会社をなんとか建て直すためにあらためてもとでを調達するという必要性，とても切実ですね。ですから，もとでの追加というと，このようなマイナスイメージを連想してしまうかもしれません。

　でも，実際の株式会社でそれよりも注目されるのは，会社が成

長する過程で行うもとでの増強の方です。実は，むしろこちらを基準に考えた方が，事業開始以降の「もとで」確保の必要性をよく理解できるのです。

　会社は設立のときにある程度の予想をつけてもとでを集めます。ところが，事業を始めてみたら，予想外にうまくいったという「うれしい誤算」が生じることがあります（ほんとはすべての会社がこの醍醐味を味わいたいのです！）。たとえば製造業なら，当初予定した工場では手狭になって，次々とくる注文に応じきることができません。新しく工場を新築したり，最新の機械を導入したりしない限り，引きも切らない追加注文にはとても追いつきません。こうした会社のハードウェア的な改善・刷新を設備投資といいます。このためにお金が必要となるのです。

どうやって調達？——新株発行

　その場合，まず考えつくのは株式会社貯金箱内の増殖分（儲け）を設備投資のために使うことです。でも，そうすると株主に儲けを還元する「配当」は，どうしても減ってしまいますよね。儲けを配当に回して設備投資を小規模にしておくか，大々的に設備投資をやって配当をちょっぴりにするか……。こちらを立てればあちらが立たずになってしまいます。それなら，儲けは配当に回し，銀行から融資してもらって設備投資を行うという案はどうでしょう。でも借入金はいずれ返さなければなりません。しかもたっぷり利息をとられるわけですから，なんのために設備投資をしたのかわからなくなってしまいます……。

　儲けを存分に配当し株主を喜ばせながら，しかも借入金に頼らない。そんなうまい方法があるわけ……あるんです！　それが新

株の発行です。

　視点を変えて，みなさんが遊休資本を「どの貯金箱に入れようかな」と迷っている「株主候補者」だとしましょう。確かにこれから始める新設の株式会社貯金箱に，「よーし，一か八か，ここに賭けよう！」ってお金を投げ込むのも，スリルがあっていいかもしれません。でも，すでに「儲かっている」貯金箱は，お腹の中が「増殖に最適！」な状態に保たれています。そんな中，貯金箱の方から「もとでの追加募集するよー」という声がかかるとすれば，これにノらない手はありません。さらに儲かる確率がとても高いですから！　そこで，上述したような設備投資をしたい株式会社には応募者が殺到し，もとでは一挙に大きくなり，会社はさらなる発展を期することができるようになります。会社にとっても株主（候補者）にとっても，まさに Win-Win の関係となるわけです。こう考えると設備投資のための新株発行は株式会社の成長の重要なバロメーターですから，たとえば社会全体の企業の業績が回復しているかどうかを判断するための１つの指標などとしても役立つのです。

設備投資はもとでを使って

　ここでよく考えてみると，たとえば製造業では，工場の新築等の設備投資は製品を増産するための用意です。この会社は，新築工場そのものを誰かに売却して儲けるわけではなく，そこで造られた製品を販売して利益を上げています。工場は，いってみれば利益を生み出す源となる「基本装備」なのです。ですから，そもそも理屈の上でも，このようなものにこそ，「もとで」を充てるのがもっとも適切なのです。

2　新株はいくら？

はじめに貯金箱に入れた人とあとで入れる人

　それでは，会社が事業開始後に新しく株式を発行すると，どれだけのもとでを得ることができるのでしょうか。一番最初の会社の設立時点で，「最初の株主」が5万円を出して1株を手に入れたとしましょう。事業開始後10年が経過しました（まぁ，**Unit4**と**Unit7**で述べたことからすると，そんなに長い間株式を懐で暖めている株主はとても奇特ですが。そこはちょっと脇に置いといて……）。今この会社が新株を発行して工場を新築しようとしています。この時点で新しく発行される株式は，1株5万円なのでしょうか。それは絶対に違います！　これを，株主の側の「投資」という視点から考えてみるとよくわかります。

　会社の設立時に5万円を払い込んだAさんは，まだ海のものとも山のものともわからない事業に「えいやっ！」と思い切って遊休資本を出しました。前述のように，Aさんはこのスリルを味わったのです。このときBさんは，「バカだなぁ」とAさんの「投資」を笑っていました。ところが10年経過したら，この会社の事業は工場を新築するまでに成長しました。Aさんの10年前の「投資判断」に先見の明があったことがみごとに証明されました。よかったネ！

　さて，10年後の今，Bさんが5万円で1株を取得するとしましょう。これはずるいですよね！　Bさんは完全な後出しジャンケンをすることになります。10年前に笑ってバカにしていたBさんがAさんと同じ甘い汁を吸うことができるのは絶対に不公

平です。Bさんは10年前にタイムスリップできませんから，A
さんが10年前に示した「先見の明」による利益をちゃっかりと
得ることはできません。

貯金箱のお腹の中

　それでは，今Bさんが1株を取得するために株式会社という
貯金箱に投入すべき金額はいくらなのでしょうか。

　この貯金箱のお腹の中，お金が練りに練られて，ちょうど1つ
の大きな丸いピザのようになっていると想像して下さい。「お金
ピザ」ですね。設立のとき，つまり貯金箱のスタートラインで，
このピザは，Aさんたちの出した小麦粉（もとで）だけによって
形成されます。まだ何の活動もしていないわけですから，それ以
外のお金（とくに「儲け」）はビタ一文も混ざっていません。です
から，Aさんたちが投げ入れた1株についての出資金額×株式
数がピザの大きさとぴったり一致します。これを逆にいうと，理
屈の上で1株は，中心点からピザを均等に（なぜ均等かは，
Unit 13で詳しく見ます）切り分けた1ピースということになりま
す。つまり，ピザの全体の大きさ÷発行株式の数が1株の価値で
す。Aさんたちは，1株について
5万円を貯金箱に入れました。最
初にこの株式会社貯金箱は全部で
100株を発行したとします。そう
すると，ピザ全体の大きさ（金
額）は500万円ということになり
ます。

●　最初の株式と新株を釣り合わせるには？

　この貯金箱は，10年間でお腹の中のお金ピザをどんどん大きくしました。活動を始めると儲けが出始め，それをどんどんピザに混ぜてこねていったら，ピザが大きくなったのです。ただ，それでも依然としてピザ全体はAさんたちの「モノ」ですから，現在の1株の価値だって，「今の」ピザの大きさから割り出すことができます。ピザ全体の大きさは，とうとう2500万円に成長しました！　そうするとAさんたちの1株の大きさ（値段）は？　2500万円÷100株＝25万円です。そう，Aさんの投資における「先見の明」の価値は，5倍（儲けは20万円）だったわけです。

　さあ，これで「現在の」株式の価値がわかりました！　Bさんは現時点でAさんと同じ株式会社の株式に「投資」するには1株につき25万円を用意しなければなりません。そうしないとAさんの先見の明，つまり「投資努力」と釣り合わせることができませんから。こうして，株式会社の株式の価値は，設立した時からの事業の成り行き（ピザの大きさの変化）によって変動します。それに応じて，株式を発行するそれぞれの時点で，1株によって集めることのできる新たな「もとで」の金額に差が生じることになります。

市場価格とは？

　もちろん，現時点の会社の資産の額（有形のものばかりでなく，買い取ったのれん〔**Unit6**〕など無形のものまで含めて）を計算し，そこから負債額（借金）を差し引くと，会社全体（ピザ全体）がどれだけの価値を持つかがわかります。でもいちいちそんなめんどくさいことをしなくても，上場している（自社の株式を東京証券取引所などで取引させている）会社ならば，株式市場でこの作業が自然と行われています。しかも，瞬間ごとの資産の大きさ（ピザの大きさ）をベースとしながら，ご丁寧にも，この会社がこれからどうなるかという継続的な「期待」や「気配」まで株式の価値に反映してくれます。したがって，10年後の今，Bさんが1株を得るために出資する金額は，「市場価格」となるわけです。繰り返すようですが，10年間でAさんはこの会社の現在の「市場価格」と最初に払い込んだ5万円との差額を，自らの投資努力によって「獲得」したことになります。

Unit 11　新株発行に応じるのは誰？
——授権資本

1　株主の株式引受け

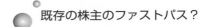
既存の株主のファストパス？

　さて，Unit 10 で述べたように株式会社は，設立後に株式を発行すればその時点の市場価格を新たにもとでとして調達し，設備投資などに使うことができます。

　ところで，Unit 10 の例で，すでにこの株式会社の株主であるAさんだって，「あっ，こんなに儲かるんだったら，もう1株手に入れたいな」と考えるかもしれません。もっとも，この「もう1株」については，たとえAさんでも，現時点の「市場価格」を払い込まなければならないはずです。だって，Aさんの投資に先見の明があったのはあくまで「10年前から持っていた」株式に限ってのことです。新しく株式を欲しい分は，これから投資するBさんと同じスタートラインに立つはずですから。

　でもそうはいっても，Aさんは，会社をエイヤッと始めたとても心細い時期から株式会社貯金箱の将来性を買ってくれていました。だから，ありがたーい恩人なのです。Aさんに多少はオイシイ思いをさせてあげても……。そこで会社は，Aさんに，すでに持っている株式に応じて新しく1株を「引き受ける」ための優先権をあげることがあります（新株引受権。実はこの語，現在の会社法の正式用語ではありません）。

　ただし，この引受権は新株を引き受ける「順番の」優先的権利にすぎません。ディズニーランドのファストパスは，長い待ち列の横をスイスイ通り抜けられて，気持ちいいですよね。あれです。でもファストパスは「割引券」ではないでしょ。くどいようですが，Aさんだって，新株については現時点の市場価格（**Unit 10**の例でいえば25万円）を出資しなければならないはずです。

切り分け方

　しかーし，Aさんたちの新株引受権は，単なるファストパスの意味を超えて，割引券として使われてしまうことがあります。どうしてかというと……。

　株式会社という貯金箱の中の財産をピザにたとえて株式との関係について触れました（**Unit 10**）。丸いピザを等分に切り分けたピースが株式です。さて，4等分してあるピザを8等分へと，切り分け方を変えてみましょう。このとき4分の1の1ピースを持っていたヒトは，8分の1の2ピースを持つことになります。あれ？　大きさが全然増えてないのに，ピースの数だけ増えたぞ？って，当たり前ですよね。既存の株主に，それまでの持株数に応じて新たに株式を与えることは，実はこれと同じことで，「既存持分の細分化」という意味を持ちます。なんだか難しい言い方ですが，簡単ですよ。たとえば100株発行していた会社で，Aさんたち旧株主の持つ1株について一律に新たに1株を発行すると，200株になります。このとき旧株1株について新株1株が増えるわけですから，旧株主のピザ全体に対する所有割合は，1/100 ＝ 2/200です。ねっ，ピザ全体に対するAさんたちの「保有割合」はまったく変わらないでしょ。つまりピザの大きさをそのままに，

その切り分け方を細かくしたというだけのことです。

　会社法上，これを「株式の分割」と呼びます。実際には，会社が儲かってピザが大きくなりすぎ，それまでの1ピースがとても高値になってしまった場合などに行われます。1ピースがとても高いと，たとえ儲かることがわかっている貯金箱でも，「ありゃー，高すぎるよ，高嶺の花だ……」とあきらめてしまう株主候補者が続出してしまいます。25万円はちょっと高いですよねぇ……。上の例で言えば分割の直後には，新たに切り分けられた1ピースの価値は2分の1の12万5000円になっているはずです。この株式分割をやってから新株を発行すれば……。あぁ，これなら手が出るよ！　効率よく新株発行を行うことができますね。

既存の株主への株式の発行

　ところが！　この株式分割という制度，たいへんな「くせもの」です。

　旧株主であるAさんは，新株引受権という整理券を使って悠然と割り込んだ上，一銭も払わないで新しい株式をもらいました。もちろん，整理券を持たないで列に並んでいる株主候補者たちは，「えー，なんでお前，タダで新株を持って行っちゃうんだよ！」と怒りますよね。ところがAさんは平然と，「違う違う，これは持分の細分化，つまり株式分割なんだよ！　俺の旧株を2つに割っただけ……」と言い返してきました。

　えっ？？　なんだ？？？　そうなんです。Aさんたち既存の株主に新株を引き受けさせるとき，「株式分割」をたてにとれば，もとでを払い込ませる必要はないのです。実は，旧株主にとって，これはオイシイことです。確かに理論上は，上に見たように株式

分割の直後 1 ピースの値段は半分に下がっているはずです。でも，「欲しい！」といって並んでいる人たちは大勢いるんです。その人たちの目の前に，1 株をヒラヒラ

させて「売ってあげようか？」とオークションをしてごらんなさい。本当の価値である 12 万 5000 円をすぐに超えて，18 万ぐらいの値段はついてしまいます。そうすると，A さんは労せずして 5 万 5000 円得することになります。

　しかーし，これはとても危険なことなんです。だって，上の 5 万 5000 円，ほんとは会社にもとでとして入っていないんですよ。そもそも株主候補者がなんで高いお金を出して新株を欲しがるかというと，「今回，俺が出資するお金をもとでとしてさらに設備投資に励み，これからもっともっと儲かってネ」という期待がかかるからです。でも，今回の「株式分割」では会社にビタ一文も入っていません。これじゃあ，設備投資どころではありません。期待は空回りしてしまいます。

株式分割の「応用」

　仮に A さんから少しだけ資金を調達しながら（たとえば 3 万円）新株を発行したときも，「えー，なんで A さんは 22 万円も割り引いて新株をもらえるの？」となりますが，やはり，「違う違う，3 万円だけもとでを入れて，残りの部分は株式分割してるだけだよ！」という反論が成り立ちます。実際にも，ある程度のもとでを調達しながら，同時に株式分割を行えば，ピザ全体をちょっと大きくしながら 1 ピースを細分化できるため，微調整がで

きます。

会社の勘定科目の操作

　その昔，無償増資，抱き合わせ増資または株式配当とか呼ばれる手法がありました。会社の財産は，法律上いくつかに色分けされています（「勘定科目」といったりします）。地球の構造を思い浮かべて下さい。一番中心が「地核」で，外に向かって「下部マントル」，「上部マントル」，最も地表に近い「地殻」と続くでしょ。同じように，株式会社のお金の中心は「資本金」，その外側に「法定準備金」，さらに「任意準備金」ときて，最も表の位置に「配当可能利益」があります。実は，新株発行で出資されるお金はふつう，もとでの王様として中心にドーンと構えている資本金に入れられます。そこで，法定準備金や任意準備金（過去のもうけを会社内部に積立ててきたお金），あるいは配当可能利益（今期の配当に充てる予定のもうけ）など，すでに会社の内部に存在しているお金を，資本金に「組み入れる」ことによって，形式的にもとでが増えたように見せかける操作が行われました。株主が株式をもらう際，その操作だけで一切出資しない場合を無償増資，ちょっと出す場合を有償無償抱き合わせ増資，そしてとくに配当可能利益を組み入れるときを株式配当とよびました。でも，これら全部，本質は株式分割です。会社財産全体はまったく（あまり）増えませんから……。

　こうして，既存の株主に新株を引き受けさせることは株式分割であるという捉え方は，イコール，株主が新株を引き受ける場合には必ずしももとでを出資する必要がないという結論を導きます。要するに，既存株主への新株発行は本気の資金調達としてはあまり（まったく）役立たないということになりましょう。これに頼っていては，会社の設備投資を満足には実現できません。そこで，

会社が本気でもとでを注入したいときは，既存株主以外のBさんのような「第三者」に市場価格をまるごと出資させる必要が出てくるわけです。

2　取締役会による本気の「資金調達」

ここで所有と経営の分離です！

　もし，新株発行を株主総会の決議事項とするとどうなってしまうでしょうか。株主は目先の利益しか追いませんから，会社に必要な設備投資などは考慮しません。みんなで「今回の発行新株オレたちが独占して，できるだけ安く（タダで）割り当てようぜ」という決議を通してしまいます。それでは会社の発展は妨げられてしまいます。そこで，易きに流されやすい株主総会から，新株発行の決定権限を剥奪しました。代わって，会社に資本増強が必要かどうか，必要だとすればその規模はいくらかなどを正確に判断できる経営担当者＝取締役会に新株発行のすべてを決定・実行する権限を与えました（取締役会にもとで集めの決定権限が集約されたという意味で，「授権資本制度」という言い方がされます）。取締役会は「あらかじめお金があるヤツを見つけて株式を引き受けるという約束をとっておく」（第三者割当）か，「株式を欲しいというヤツを広く呼び込む」（公募）ことによって，確実に資金調達を実現できるようアレンジします。

　さて，もうお気づきですか。新株発行の権限をめぐる株主総会と取締役会との関係，所有と経営の分離（**Unit3**）そのまんまじゃないですか！　会社の経営展望なんかまったくわからない株主に任せると，ロクなことをしません。ですから，経営の専門家が

適切な時期に適切な規模とか方法で資金調達をする。まさに所有と経営の分離を絵に描いたような期待例ですね。もともと日本の商法・会社法に所有と経営の分離という考え方が導入されたのは，昭和25年の法改正のときなのですが，この授権資本制度の新設も同年の改正の目玉商品でした。このことからも，授権資本は，所有と経営の分離原則という先生のお気に入りの優等生の1人であることがよくわかります。

● 原則は市場価格だけど……

　集められる資金を最大限確保しようとすれば，株主にさえおいそれとは「ダンピング」できません。そのために取締役会が新株発行権限を持つことになったのですから，もちろん「株主以外の人」にダンピングするなんて言語道断です。したがって，第三者割当と公募の場合の新株は市場価格で発行するのが本則です。でも，「経営戦略」上，誰かさんに安く新株を引き受けてもらっておくと，後でナニかと会社のタメになることがあります。たとえば，業務提携とか資本提携とかいって，他の会社と協力体制を強めようとする場合，安い出資で自社の持ち主（株主）になってもらうのが得策です。確かにこれ，経営上は高度な寝技かもしれません。しかし，既存の株主にとってはちょっと腑に落ちません。なにしろ，「お前らなにも知らないからすぐにダンピングしたがるじゃん」とバカにされ続けてきたのです。それじゃー，なんで今回はキミたち経営陣がわざわざダンピング発行するのよ？

　そこで，このような株主の不満と経営陣の経営判断の調整を図るために，会社法は一計を案じました。既存の株主以外の者にとても有利な金額で（つまりかなり安く）新株を発行しようとする

場合，取締役会は株主に十分に吟味してもらって，株主総会の承認決議をもらわなければならないとしたのです。このことを先に述べた所有と経営の分離から説明すると，「株主以外に新株をとても安く発行することは，一大事だよ（**Unit6**）」と株主総会を引っ張り出すことになります。

 株主割当

　取締役会が，既存の株主だけに新株を発行するという「経営判断」をすることもあります。「今回の新株発行はこれまでの株主だけに市場価格よりも安く引き受けさせて，株主大感謝祭にしちゃおう！」と決めれば，それはそれで１つの経営施策として尊重しなければなりません。つまり，既存の株主は，「こんないい会社ならもうちょっと株式持っていようかな……」と思いますし（市場での潜在的な「売る」可能性の減少），株主予備軍は，「あー，今回は参加できないのか。でもあんないい会社なら次回は絶対に株式手に入れるぞ」と期待します（潜在的な「買う」可能性の増加）。そうなると売りと買いのバランスは大きく「売り手市場」に傾き，次回に第三者割当や公募をするときに，より高い「市場価格」で新株を発行できるようになります。どんな「感謝祭」でも，主催者はタダではころばないのですよ。

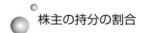 **株主の持分の割合**

　さあこれで，新株発行によって設備投資等のための新たな資金注入を効果的に行うことができるようになりました。しかし，問題が１つあります。実は，既存の株主にその保有株式数に応じて新株を発行する限り，株主の「持分割合」は決して変化しません。

株式分割を思い出して下さい。1/100 が 2/200 になるだけでした
よね。分割前後とも，この株主はピザ全体に対して 1% 分のピー
スを有することになります。この持分割合，株主総会での発言権
の大きさに比例します。**Unit 7** で見た無機能株主であれば，株式
分割にせよダンピングの株主割当にせよ，市場価格の高い株式の
「数」が増えれば，「おっ，いくつか株式を売って儲けられるぞ」
と喜ぶだけでしょう。しかし，そこでも述べたように，株主総会
での発言権の大きさ（議決権の数）に強いこだわりを持つ株主も
いるんです。とくに取締役の選任などで主導権を握ることは，そ
の会社を牛耳ることにつながりますからね。

　ところが，資金調達の確実性を期すためとはいえ，取締役会は
勝手に「新人」を株主にすることができるようになりました。多
かれ少なかれ，既存の株主の持分割合は薄まってしまうことを免
れません。前述の例で第三者に 50 株が割り当てられたとすれば，
既存の株主の持分割合は 1/100 から 1/150 になってしまいます。
これはショックでしょう。

　しかし会社法は，既存株主の持分利益の保護よりも，資金調達
の確実性を優先させるという施策を強行しました。資金調達とい
う目的さえ明確ならば，原則として取締役会は「好きな者」に新
株を割り当てることができるのです（ただし，「好きな者」をひい
きしすぎると，大きな問題が生じます。**Unit 22** で詳しく見ます）。

Unit 12　出したり引っ込めたり
──自己株式

1　「もうけ」の評価──ROE と EPS

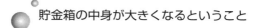
貯金箱の中身が大きくなるということ

　経済界では「金庫株」という言葉が使われることがあります。なぜこんな名前がついたのかというと，株式会社が設立のときまたは新株として発行した株式を株主から取り戻して，それを会社の金庫に大切にしまい込んでおくからなんです。株式を発行するのは，遊休資本を集めるという，株式会社の最も重要な役割を実現するためです。それをまた回収してしまうのはなぜでしょうか。なにか深ーいわけがありそうですね。実は，株式会社という仕組みは，実際の経済社会の変容に伴って「より合理的な方向へ」と常に姿を変えていきます。金庫株の変遷は，そのことを最もよく示す例の1つです。

　かつての日本の商法・会社法は，ある意味，とても単純でした。つまり，株式会社がひたすら「大きくなること」しか考えていませんでした。お金を増殖するという企業の本来の目的に，直球だけで勝負を挑んでいたのです。この株式会社が「大きくなる」ということには2つの要素がからんできます。ちょっと詳しく見てみましょう。

● ピザ全体の「成長」と新しいもとでの追加による「拡大」

　株主が株式会社という貯金箱にみんなで遊休資本を投入します。このとき発行されるのが，一番最初の株式（設立時株式）ですね。その貯金箱の環境がとてもいいと中のもとでは増殖します。ちょうど1割分大きくなったとしましょう。その分が儲けですね。**Unit 10** でちょっと触れたように，株式会社という貯金箱の中で，お金はピザのように丸くペッタンコの状態に保たれていると想像して下さい。このお金ピザが 1.1 倍になりました。株式は，このお金ピザを中心から放射線状に等分に切り分けた1ピースです。ですから，1ピースも当然にちょっと大きくなっています。

　この会社のお金ピザが成長していることがわかると，遊休資本を企業活動に投下しようと考えている人たちは，みんな「おっ，俺もこの会社の株式欲しいなァ」と思います。なにせ「成長中」の株式ですから！　そこでこのタイミングを見計らって，株式会社は新株発行を行います。いわば会社は，「打ち出の小槌」を振ることができるのです。たとえば既存の株式の2割に相当する数の新株発行をすると，とてもたくさんの「追加のもとで」が入ってくることになりますね。

　ですから，株式会社は，儲けを生み出すと，①貯金箱の中身そのものを大きくするという効果に加えて，②新株発行によって新たなもとでを調達しやすくする（打ち出の小槌を振りやすくする）という二重の効果を楽しめます。たとえば上の会社だったら，$1 \times 1.1 \times 1.2 = 1.32$，つまり1割の利益を出すと次の期には単純な 1.1 倍ではなく 1.32 倍にピザ生地を膨らませて事業に臨むことができるようになります。

ちょっと待って！

　これらのうち①の効果については，なんの疑問もありませんね。株式会社貯金箱は，自然によい環境に保たれるわけではありません。その中身が増殖するのは，取締役という会社経営のプロが，会社をうまく舵取りしてくれるからです。つまり上の①は，経営努力が実を結んだ成果なのです。株式会社の醍醐味はここにこそあります。

　それに対して，貯金箱の中身のうち②の新株発行で一挙に増える部分は，もっぱら会社の「人気」で得た資金にすぎません。よく考えると，新株発行によって貯金箱に入ってきたもとでは，まだ「増殖」していません。むしろこれから増殖することを期待して株式会社に委ねられたお金なのです。この②に依存しすぎると……。

　たとえば，ある自動車メーカーでは，完全自動運転自動車の開発に成功し売り出したところ，大ヒット商品となりました。気をよくした経営陣は，その生産台数を増やすことだけをめざし，複雑な製造設備ばかりを置く工場を新設したり多くの熟練工を雇用するため，大量の新株発行を行いました。この会社はすでに10万株の株式を発行していましたが，ここに2万株の新株を発行して，この新車製造のため，こうした一からの「設備投資」を完了したとしましょう。そのかいあって，翌年の新車販売による儲けは1億2000万円にも上りました！

　でももしかすると，既存の工場の一部の製造ラインをちょっと工夫すると，この新車の製造に応用できたかもしれないし，一般の工具さんたちを教育すれば，新車の組み立ても難なくこなせた

のかもしれません。それにはあまりお金がかかりませんから，設備投資と騒ぐほどのことはないです。つまり，会社の手持ちの資金を使ってチョイチョイとこれらの工夫を実現すれば，新株を発行する必要はなかったのかもしれないのです。こちらの方法をとって，1億1000万円の儲けが生まれたとしましょう。

● 効率的経営と株式あたりの利益

　めでたいじゃありませんか。いずれにせよたくさん儲けが出たんでしょ。いえいえ，株式会社でそんなアバウトな考え方ではダメなんです。

　第1に，経営の効率性という点から文句が出ます。この会社，もともとの純資産（負債を抜いた会社財産）が10億円だとします。新株発行をすると，出資分が2億円増えますから12億円使って1億2000万円の儲けを出したことになります。他方，新株を発行しない場合は，10億円をそのまま使って，1億1000万円の利益が出ました。1億2000万÷12億＝10% に対して，1億1000万÷10億＝11%。この計算式，「自己資本収益率（Return On Equity，ROE）」といいます。つまり，会社のもとでをどれだけ効率よく使って利益を生み出したかを図るバロメーターなのです。おっ，新株発行しない方が良い数値が出てますね。

　第2に，この儲けを株式数で割ってみますね。1億2000万円÷12万株＝1000円，それに対して1億1000万円÷10万株＝1100円。こっちは「1株あたりの利益（Earnings Per Share，EPS）」です。ありゃりゃ？　こっちも新株を発行しないときの方が高いですね。

　つまり，「新株発行はもとでを簡単に増やせるけど（前述の②

です），その効率的な利用に無頓着になりがちで，しかも株式が
増えるから1株あたりの分け前も減るかもしれない」のに対して，
「今あるもとでを最大限効率的に使うと（前述の①です），見た目
の総利益額は低いかもしれないが，1株あたりの分け前も薄まら
ずハッピー！」という結果になります。いってみれば，前者は大
きいけど贅肉が多く（しかも持ち主が多い＝分け前少ない），後者
は小さいけど筋肉質（持ち主は少ない＝分け前多い）と言い換えて
もよいでしょう。

わが国の実情

　1980年代まで日本はとてつもない勢いで経済成長を遂げてい
ましたから，あまりこの「贅肉化」を心配する必要はありません
でした。株式会社の成長と株価上昇のイタチごっこが続いて，取
締役会はかなり旺盛に打ち出の小槌を振り続けました。儲けを増
やすためにもとでを増やすという簡単な方法に流れていたのです
ね。でも，①と②の相乗的な成長・拡大が永久に続くなんてこと
は無理に決まっています。あんのじょう1980年代後半，日本経
済は失速します。この頃になってようやく，会社がいくら儲けを
あげていても，新株発行にばかり頼っていたのでは筋肉質なもと
での増殖を図れないということをみんな意識し始めました。「ピ
ザ生地には，じっくり練り込むのにちょうどいい大きさっていう
ものがあるんじゃないだろうか」。こうして，新株発行によるや
みくもな拡大主義がいよいよ終焉を迎えることとなりました。

　それに加えて，あまりに新株発行を重ねてきたために，とくに
大企業の発行済み株式数は膨大な数になっていました。儲けが無
数のピースに細切れ的に割り当てられていたのでは「食べた気」

がしませんね。投資家は EPS の低迷に敏感に反応して，新株発行に飛びつかなくなります。社長達は，「せっかく儲かっているのにわが社の株価は思うようにあがらんのぅ……」とぼやくようになりました。

　では，1 株あたりの利益率を高め，筋肉質なカラダを作るにはどうすればいいでしょうか。まず新株発行を抑えて，現在の大きさのままで贅肉を筋肉に変えるためにエクササイズ（経営改善・経営効率化）をしましょう。しかし 1980 年代末の日本の株式会社は，あまりに無節操に新株発行により贅肉を増やしてきたため，このエクササイズをしようとすると，ゼーゼー息切れをしてしまうありさまでした。だとすれば，究極の手段をとりましょう！そうです，脂肪吸引による「無理やりダイエット」です。

2　自己株式の買取り

🔵 脂肪吸引は邪道？

　もう一度 ROE と EPS の数式を見てみましょう。いずれも高い数値を出すためには，ふつう分子を大きくしようと考えますよね。効率的経営によってその期の利益を上げるという正統派ダイエットに励めば，分子が増え数値は順調に上がります。しかし，ここ

にもう 1 つ方法が……。両方とも分母を減らせば？　ROE の分母の贅肉部分を吸引して，その分で発行済み株式を減らす，つまり買い取ります。なるほど！　株主には株式を譲渡する自由が認められているのでした（**Unit4** 参照）。だったら，会社が「買い手」になって，吸引した脂肪（余剰資

金）で株主から株式を買い上げて捨ててしまえばいいのです（当初は買取株式を「消却」していました）。これだと吸引した脂肪の処理にも困りません。

　分母であるもとでを減らせばそれを効率的に使っているように「見える」し，分母である株式数を減らせば分け前をたくさん貰うように「見える」よ。これによって確かに ROE も EPS も一挙に数値が良くなります。意外や意外，算数が苦手な大塚にはとってもビックリな手段です。でも，これって邪道だよなぁ……。

　1980 年代末のわが国の大規模会社は，みーんな糖尿病寸前の肥満体で，急に正統派エクササイズ，つまり経営効率化をやれといっても無理でした。したがって，邪道かもしれませんが，この安易な方法に流れざるをえなかったのです。会社による自己株式の買い取りは，こうした切実な要請から始まったものでした。

 ## バブルの崩壊

　本当のところをお話しすると，この過激な脂肪吸引，1990 年代の切迫した経済情勢によって日本の会社はこれを実施することを余儀なくされました。1991 年に始まったバブル崩壊です。これによりすべての会社の株価が急激に値を下げていきます。株価はもちろん会社の業績に応じて値をつけますが，それ以外にも需給のバランスによって値段が大きく上下します。流通する株式の数を減らせば（供給を減らせば）当然に値段は高くなります。社長たちは，「まだ儲けが残っているうちにバンバン買い取って，なんとしてでも株価を下げ止めろ！」と動くようになります。株価は，新株発行という打ち出の小槌の生命線ですから当然のことでしょう。

　　　　　　　　　　　　　　　　　　出資の払戻し？

　ところが，確かに原則としては株式譲渡は自由ですが，会社が
「買い手」となる場合，とてもやっかいな問題が湧いて出ます。
そもそも株式譲渡の自由が保障されたのはなぜだったでしょうか。
雲散霧消しやすい遊休資本は株式会社の下でギュッと固められて，
じっくりと企業活動に使われるべきだという出資払戻禁止が徹底
されるからでした（**Unit4**参照）。だとすれば，「今日は会社とし
てではなく，単なる買い手として来たよ」と株式売買に参加して
も，おいそれと許すわけにはいきません。もし株主が提供したも
とでを使って株式を「買い取る」なら，実質的には「払戻し」に
なってしまうからです。「株式売買は自由なんでしょ。うちの会
社の株主からうちが発行した株式を買い取るのはどこが悪い
の！」と会社が開き直ってしまうなら，株式会社に集積された大
きな企業資金は，まったく腰の定まらないものになってしまいま
す。

　株主は「有限責任」しか負担しないのですから，株式会社と取
引をした相手は，会社に現に集積されている資金しかあてにでき
ません。その資金が，「株式売買」という名目ではありながらも，
株主への実質的な「返金」のためにボロボロと崩れていったので
は，株式会社は企業活動でまともに相手にされなくなってしまい
ます（会社債権者の保護の要請，**Unit4**のコラム「誰が怒る？」，
Unit8参照）。

ネズミ講

　もちろんこの懸念は，新株発行により集めたもとでで，それまでの旧株式を購入するときも同じです。だって，Ａさんから払い込まれたもとでで，Ｂさんの株式を買ったりすれば，悪名高い「ネズミ講」と同じじゃないですか！

利益による買い取り──利益消却

　ここで実質的な「もとで」について確認しておきましょう。106頁のコラムで触れたように，会社の「カネ」は資本金，法定準備金および任意準備金として会社にとどめ置かれます。今期の利益も，配当されずに会社に留保されると，任意準備金を太らせていきます。実は，名目はどうあれ会社の中にある限り，すべての財産は次の期のもとでとして利益を生み出す源泉になります。ですから，この広義のもとでの中には，法的な資本金（最狭義のもとで）ばかりではなく，過去の利益の積立分も含まれているわけです（ROEの分母になります）。

　この儲けの積立分は，決して過去の出資金によってできているわけではありません。したがって，いつでも「配当」に回すことができるのです。言い換えれば，いつでも「吸引」していい贅肉にみたてることができます。そして，これから会社をもっとよくするために使う限り，儲けの使い道はおよそすべて「株主のため」であることに違いはありません。配当だけに拘泥しないで，株式回収による脂肪吸引ダイエットに使うことだって，その目的は「会社をもっとよくする」ことにあるのですから，なんの問題

もありません。そこで商法・会社法では，1994年に，会社が儲け（ここには，任意準備金ばかりでなく当期の配当可能利益も含みます。どうせ会社から株主に配当されるはずのお金ですから）を使って株主から株式を買い取って廃棄するという「利益消却」の方法が整備されました。実際に大規模な会社の経営陣は，この待望の利益消却を実施し，かなり株式を減らしていきました。

 もとでの返却

　　ちょっと余談ですが，自己株式取得による株式消却は会社法のより大きな変革のきっかけとなりました。古典的な商法・会社法の発想をコペルニクス的に転換させたといっても過言ではありません。そもそも，株式の回収のために儲けしか利用できないというのは，本質的な制約なのでしょうか。だって，株式会社肥満化の原因は，過度の新株発行によって「もとでを集めすぎた」ことにありますよね。経営陣が効率的な経営を維持する能力を上回るほど集めてしまったのです。だったら，「ごめんなさい，私の能力じゃこの大きさ無理だった！　集めすぎたもとで，返すね」が認められてはいけないのでしょうか。もしこの「出資の返却」が認められれば，株主としても「この会社には，これ以上期待できないのか……。そんならこの遊休資本，別のことに使おう」と臨機応変に立ち回ることができるようになります。そこで現在の会社法は，出資払戻禁止の原則をちょっぴり緩和して，場合によっては「もとでの返却」をすることも可能にしています。

 株主総会？

実は，儲けを使ってこの脂肪吸引をする上述の方法をとるため

には，かつては儲けの本来の帰属者である株主に「お伺い」をたてる必要がありました。「会社にはこれだけの儲けが出たんだけど，会社がタプタプの贅肉つけちゃってるんで，配当に回さないでこの分使って脂肪吸引させてね」と株主総会で株主に頼み込まなければならなかったのです。確かに長い目で見れば株主の持つ1つひとつの株式の利益率は向上します。でも，「儲けがあるならくれよっ！」と目先の利益を追う株主は反発しそうですね。そこで，経営陣は「儲けによる脂肪吸引ダイエット」を，いちいち株主にお伺いを立てずに取締役会の権限で行うことを切望するようになります。

　平成9年，日本では特別立法によって，一定の会社では取締役会の決議で利益による株式の消却買入れを行うことができるようになりました。それだけ贅肉の削ぎ落としと株式数減らしは急務だったわけです。こうなると，株式を「出す」のも取締役会（新株の発行：**Unit 10**），「回収する」のも取締役会，つまり経営陣は思うとおりにROEとEPSを調整できるようになります。ROEとEPSの高さは株式の人気に直結しますから，極端な言い方をすると，経営陣は自分の会社の株式の人気を調整できるようになりました。

金庫株

　いかがでしたか？　株式会社では，「企業が全体として大きくなる」という一目瞭然な捉え方と，「もとで増殖効率が良く，1株分の利益率がいい」というちょっと斜に構えた捉え方とでは，微妙な相違が生じることがわかりました。会社法自身も，最近までどちらかといえば前者に注目していました。新株発行による資

　金調達をクローズアップして，発行した株式の回収にはとても消極的だったのです。冒頭に述べたように，企業は大きくなればいいという単純な態度ですね。

　ところが，株式会社が後者の見方によって評価されるようになると，株式の回収はとても重要な役割を果たすようになります。自己株式取得による株式の回収は，新株発行のちょうど逆の作用を果たす操作として，2つが表裏の関係に位置づけられました。自己株式の回収が，新株発行とはまったく無関係な単発的・例外的な措置としてひっそりと設けられていた当時なら，回収した株式は「役目を終えた」のですから消却してかまわないでしょう。しかし，頻繁に行われる新株発行に応じて，自己株式の回収ももはや単発的行為として隠棲しているわけにはいきません。だとすれば，「出す」→「回収する」→「出す」→「回収する」……，というループ的構造にしておく方が便利だと思いませんか。いわば株式のリサイクルです。その結果，回収した株式は消却せずに会社の「金庫」にしまっておいて，また出番がきたらそれを市場に放出するという，システマティックな制度が導入されました。

　現在，取締役会は金庫株を駆使して ROE および EPS 重視の経営を行うことができます。でも，この Unit で述べてきたように，「贅肉を吸引して株式の数を調整する」（脂肪吸引）ことは，「経営努力の効果が上がる」（エクササイズ）とは微妙に相違します。やっぱり後者があってこその株式会社です。この点には十分に注意しておかなければなりません。

便利，便利！

　結局のところ，「株式の数を減らす」ということは，「世の中（とくに株式市場）に出回らせない」ということと同義なのです。ですから，会社が買い取った株式を抹殺する必要はありませんでした。金庫株として生かしておくと，株価が高くなったときにまた売り出せば，会社にタンマリ代金が入ります。あれっ，これって会社が新株を発行するのと同じですね！　そうなんです。この代金を新たなもとでとして，会社が設備投資などを行うことができます。そこで，新株発行と金庫株再放出をあわせて，会社法では「募集株式」という呼び方でくくっています。

　この金庫株，新たなもとで集めだけではなく，様々なことに使われます。たとえば取締役や従業員にこれを報酬・給与としてあげれば，みーんなよく働くようになります。だって，みんながよく働いて会社が儲かれば儲かるほど，株価もそれだけ上昇し，あとで売っぱらえばタンマリお金が手に入ります。ちょうど馬の目の前にニンジンをぶらさげて走らせるようなものです。また，会社が他の会社を飲み込んで大きくなろうとするときに（**Unit 22** 参照）その会社の株主に買収の「代金」として金庫株を渡すこともあります。現金を使わなくて済みますから，重宝します。

 そのほかにも……

　この Unit では，会社が新株発行によって株式を「出し過ぎた！」という場合に，広く株式市場で自己株式を買い入れる切迫した事情をメインにお話ししています。でも，会社がある特定の株主からピンポイントで株式を買い取ることもありますし（たとえば，会社の経営陣に「好意的」だった大株主が死んで，相続で大量の株式を受け継いだ息子が，「オレ，あんまり会社

に関心ないし，相続税払わなけりゃなんないから，いっそのこと会社で買い取ってくれる？」ともちかけてきたような場合），また，切迫した状況とは違い「計画的」に会社が株式を買い取ることを予定しているような場合もあります（はじめから株式に「オレが買い取ってと申し出たときに会社が買ってね」という約束のある株式や，逆に会社の方から「特定の場面で絶対に株式差し出してね」という約束をつけた株式もあります。**Unit 14** 参照）。

Unit 13　株式の均一的性質
──株主平等原則

1　「1 口(ひとくち)ノル」ということ

1 円までも……

　株主は，もともと「ノル」側になって儲けるために遊休資本を株式会社に提供します。株主それぞれ，株式会社貯金箱の中でがんばって増えてもらおうと思う金額はまちまちでしょう。大学生A君はちょうどバイト代が入ったところだったので，そのうち彼女とのデート代1万円をとっておき，財布の中の残り1万8357円を株式会社に出資しようと思っています。主婦Bさんは家計を支える預金には手をつけず，こっそり貯めていたへそくりを額縁の裏から引っ張り出して8万9846円出資しようと……。うーん，いたいけなノルちゃんたちが，やりくりの末に決めた出資の金額。尊重してあげたいですね。

　確かに，株主に出資の金額を自由に決めてもらってもいいんですよ。そうすれば，世の中の遊休資本が1円玉まで根こそぎ企業活動に供出されます。ですから，企業を中核とする資本主義の下では，むしろそれは優等生的な出資だといってもいいぐらいです。

　でも，株主が自分の出すお金の額を1円単位まで任意に決めるこのやり方で遊休資本を集めると，とても「めんどくさい！」ことになってしまいます。

株主の持分権とは？

　なぜめんどくさいのか？　実はその根っこは，株式会社というものの構造にあります。

　急がば回れ。あらためてじっくりと確認しておきましょう（**Unit4**の復習！）。そもそも，株式会社では，銀行のATMみたいなお金の出し入れは禁止されました（出資払戻禁止の原則）。でもそれは，株式会社のもとでをしっかり固めて動かさないと，とりわけ取引相手から信用されなくなってしまうからにすぎません。かなり現実的な理由ですね。ですから，本質的には，まさか株式会社がお金を吸い上げる盗人になってしまうわけではありません。この関係をうまく説明づけるには，株式会社のヒトとモノという二重の性質を意識する必要があります。ヒトとして貯金箱の中身のお金を独り占めするけれども，モノとして株主全員の所有に服している，でしたね。なぁんだ，やっぱり株主サマこそ一番エラいんだ！　安心したよ。

　ただ，この「全員の所有」というところ，ちょっとひっかかります。理屈の上では大勢の株主が「共同して」1つの株式会社を持っているといっても，株主からすれば当然に，「じゃー，私は実際どんだけ持ってるの？」が気になります。ここまで個々の株主が「持っている分」という意味で「持分」という言葉を使ってきました。ここでこれを格上げして，権利として扱ってやることにします。そこでこれを「持分権」と呼ぶことにしましょう（そのまんまですね……）。

　合理的に考えれば，持分権の大きさは，株主それぞれが貯金箱に投入したお金の多寡に比例するはずです。だって，株式会社の

目的はズバリ，お金を増殖してノルちゃんたちに還元することでしょ。出したもとでが他の株主より多かった株主は，増殖への貢献度がそれだけ高いことになりますから，還元もそれだけ多くもらわなければ割に合わないですよ。

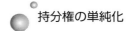

持分権の単純化

　たとえば上の例の株式会社では，最終的に総計 5467 万 4789 円が集まったとします。したがって，A 君の持分権は 18,357/54,674,789，B さんのは 89,846/54,674,789……。うわっ，めんどくさい！　約分さえできません。

　でも心配しないで！　このめんどくささを解決するのはとても簡単です。私たちは日常，単に「ノル」というより，むしろ，「1 口ノル」という言い方をしませんか？　株式会社という貯金箱システムでも，会社の側であらかじめこの「1 口」の金額を決めておいて，ノりたい人たちにそれに合わせてもらったらどうでしょう。

　上の会社では，端数を丸めて 5467 万 5000 円を集めることにしました。そのためには，1 口（この 1 口の持分権を「株式」といいます）1 万 5000 円で 3645 口（株）を発行します。A 君は 1 口（株）を引き受けても 3357 円手元に残ります。これで彼女とのディナーをグレードアップしましょう。B さんはせっかくですからコーヒー 1 杯飲むのをがまんして，財布からあと 154 円足して，6 口（株）引き受けましょう。こうすると，株主同士で持分権の大きさ（というよりは，ここまで合理化するとむしろ持分権の「数」ですね……）を簡単に比較できるようになります。

　その便利さは，株主への儲けの還元方法の 1 つである「配当」

に端的に現れます。1口に対していくら配当するかを計算すればよいわけで（配当のための資金が貯まったらそれを3645で割ります），A君とBさんの受け取れる配当額は1：6になります。ねっ，これですべての株主が，自分の持分権の大きさ（多さ？）に応じた満足感を得ることができるでしょ。

めんどくさいのは株式会社だけ！

　もしこの企業資金を1人の事業家が持っているとすれば，どんなに半端な金額でもなんの問題も生じません（個人企業）。自分以外に誰も文句を言いませんから……。また，複数の人たちが出し合って企業資金を作り上げた場合でも，みんなで話し合って「貢献度」を決め合うことができれば（たとえば合名会社や合同会社）トラブルはないでしょう（このとき，お金だけではなく労力とか企業としての「箔」〔信用といいます〕などの要素も総合的に勘案するのがふつうです）。でも，株式会社では，「社会の遊休資本を集めよう！」というスローガンを優先するあまり，たくさんの人たちが参加することを当然の前提としながらもお金の集積という要素しか評価しないのです。

2　株主（式）平等原則

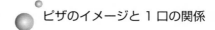

ピザのイメージと1口の関係

Unit 10 で，株式会社のイメージ，貯金箱の中身をペシャンと潰してつくったピザにたとえましたね。上に述べたことをこのイメージと重ねてみましょう。株式会社で最初にピザ生地を用意しようとするとき，エア・ギターならぬ5467万5000円分の「エ

ア・ピザ」を仮想しておきます。そしてその中心点から，放射線状にこのエア・ピザを 3645 のピースに「エア切り分け」しておきます。そうすると，エア・1 ピースは 1 万 5000 円分という勘定になりますね。そして，遊休資本を出してくれるノルちゃんたちに，このエア・ピースを現実のお金で埋めていってもらうのです。そうするとようやくピザ片が「エア……」じゃなくなり，最終的に全ピースがお金で埋まったときに，ピザ全体がお金のかたまりとして実体化します。ねっ，実は，株式会社ピザは，「できあがってから切り分ける」のではなく，「作る前から仮想切り分けをしておく」のです。

　株主になろうとするノルちゃんは，この 1 ピースについては，1 万 5000 円ぴったりのお金で「埋めるか埋めないか」の決断しかできません。1 万 4846 円で 1 ピースの一部を埋めるとか，1 万 8357 円を 1 ピースに無理やり詰め込むとかはできないのです。その代わり，1 人が何ピースを埋めてもかまいません。お金があるのなら，5 ピースでも 6 ピースでも 100 ピースでも，1 万 5000 円の倍々でピースを持つことができるようになります。

● 株主（式）平等の原則

　こうして多くのノルちゃんたちが，3645 個の「1 口」にノリ，晴れて株式会社が成立しました。ノったピース数に応じて，株主には貯金箱に対する「持分権」があることになります。もともとお金というものにイロはついていません。だから，1 万 5000 円という一律の金額で引き受けられた株式にも，何のイロ分けもありません。「青い株式」，「赤い株式」とか，あるいは「賢い株式」，「おバカな株式」なんて違いは絶対にできません。すべての株式

は，完全に同じ価値です（持分の均一性）。

　このことを株主の側から見ると，それぞれの株主の持つ1株は，他のすべての1株と同質・同価値であることを意味します。そこでこれを，「株主平等の原則」と呼ぶことにしました。あれっ，ちょっと言葉が変だぞ……。ここで均一というのは，ピザ生地のピースのことです。BさんはA君の6倍のピースを持っているのですから，どう考えても持分権は6倍ですよね。株主という「人」同士は平等ではありません。ですから，ほんとは株「式」平等の原則と呼ぶのが正しい。株「主」平等は紛らわしい誤用です！

 どうして株「主」平等になっちゃった？

　もともと「社会で大勢が集まってなにかをする」ときには，自然と（なんとなく）平等性が求められます（難しいことをいえば，「社団構成員間の公（衡）平性」というルーツにたどり着くそうですが……）。要するに，参加者全員が「公（衡）平」でないと必ず文句言うやつがいるよねっていうことです。みなさんも，クラスでも部活でも遊びでも，必ず「多数決で決めようぜ」ってなるでしょ。1人1票！　これこそ平等の極意です。社会全般では，圧倒的にこの「人」の平等性が目立ちます。そのため，どうも，株式会社でもこれに引きずられてしまったようなんです。株式会社だって，株「主」という人が集まっているんだから株主平等ですね。でも実は，株式会社に集まるのは人ではなくてお金なんです。ほんとは，このお金を集めるための株「式」に目を向けるべきだったのに……。

🌑 株主（式）平等原則の効用

　この株主（式）平等の原則によって，株式会社では1株単位で
ものごとを決めれば，持分権の衡平性をきっちり確保できること
になりました。つまり，株主は誰も文句をつけることができない
ということです。もちろんそのことが一番影響するのは，前述し
たとおり儲けの還元，つまり配当です。株主が株式会社に参加す
る目的そのものですから，ここで平等性が保たれないと株主は大
暴動を起こします。そこで，株式会社が配当できるお金を全株式
数で割って，1株あたりいくらという方法で配当すれば，完全に
平等。文句のつけようがありません。

　ところで，株主の儲けの還元方法，もう1つあったことを覚え
てますか？　そうです，株式の譲渡でしたね。こちらも平等原則
が大きく影響します。「ちょっと証券会社さん，この株式，虫く
ってるじゃないの！　傷んでないのちょうだいよ」。なーんてこ
とはあり得ないのです。株式はぜーんぶ同じものですから，内容
も同じ，質も同じ，そして値段も均一。**Unit4**で見たように株式
が頻繁に売り買いされている会社では，この前提がとても重要で
す。このような会社の株式は証券取引所という「市場」で売買さ
れています。ある会社の株式は，「これしかないよ，どれ買って
も同じだよ」としておけば，売る側も買う側も，とても安心して
迅速な取引をすることができるのです（とくに買い手は，「どれに
しようかな……」などとモタモタ悩む必要がなくなります）。

　なお，株主総会で多数決を行うときの「1株1議決権」という
ルールも，株主（式）平等原則から導かれる結果です（70頁参
照）。

一瞬の平等

　もっとも，株式会社は事業を推進していくのですから，刻々と会社そのものの「価値」が変化します。言い換えればピザ自体の価値（正確を期せば価値の評価額）が，時間軸の前後で変わるということです。したがって，ある一時点と1時間後の株式の市場価格は違います。**Unit 10** では，新株発行の場面でそのことを確認しましたね。ほんとは，時間的前後を見ると，株式の価値は「同じ」ではありません。ですから厳密にいうと，値段までぴったり一緒という意味での株主（式）平等原則は，ある「一瞬の」全株式についてしか当てはまらないということになります。

Unit 14 　必要な不平等？
——種類株式

1　資金集めのためのおいしいエサ

お詫びして訂正いたします……

　番組の途中ではございますが，ここで重要な訂正がございます。

　Unit 13 で株式は平等だとあれだけ力説しましたよね。はい，確かに配当は1株についていくらと計算すると，とても便利だと言いました。はい，確かに1株はまったく同価値ですから，どれを買っても差はないと言いました。この株主（式）平等原則，ながらく株式会社では「絶対に必要な」法原理だと捉えられてきました。

　ところが，昨今，かなり風向きが変わってきたのです。なんだ，なんだ？　あれだけ強調しておいて，その舌の根の乾かないうちに，もう弱気か？　はい，このような訂正をしなければなりませんことを，この本を代表いたしまして，心よりお詫び申し上げます。

　ものごと，建前としては「平等，平等！」といってはいても，「他人より，ちょっとイイものを持つ」という優越感は，いつの時代でも人々のささやかな虚栄心をくすぐります。本音のところでときどき顔をのぞかせるこの優越感，株式会社の世界では実はとても重要な役割を果たします。

トラッ，トラッ，……ストッキング？

　まず最初に，風向きを決定的に変えた実際の「事件」を見ておきましょう。

　2001年6月，ソニーが経営不振の泥沼に陥りかけていたとき，とても面白い株式を発行しました。その当時，ソニーの完全子会社（全株式を親会社のソニーが持っている）にソニーコミュニケーションネットワーク株式会社（以下，SCN。現在のソネット株式会社）という会社がありましたが，ここはネット・メディア関連事業ということもあって，グループの中でも1社だけ気を吐いていました。そこでソニーは，「SCNが頑張っている限りその業績に応じて配当するから，ウチに投資して！」といって新株を発行したのです。

　ちょっと注意して下さい。業績好調なSCN社自身の新株発行ではありません。あくまで親会社であるソニーの新株です。でも投資家さんたちにアピールしているのは親会社であるソニー本体のことではなく，子会社SCN社の魅力なのです。そう，ちょうどステージ・ママのように，芸達者な子供を使って親が自分のスポンサーを集めるという，とても斬新で巧妙な新株発行が行われたのです。これに応じて投資家が手に入れた株式を，「トラッキング・ストック」と呼びます。

親会社の台所事情

　なんでこんなモノを売り出すの？　これを理解するためには，トラッキング・ストックを発行する場合の背景事情を考えてみる

必要があります。

　もし親会社が儲かっている会社であれば，堂々と「ふつうに」新株発行をすればいいのです。投資家は「値段が上がりそうでおいしい」株式をこぞって欲しがりますから，新たな設備投資のための資金を調達するのに苦労しません。でも，会社の業績があまりよろしくないときは……。「新株発行するよー」と宣伝しても，閑古鳥が鳴いてしまいます。そんな状況を打破するには，魅力のある株式を発行するほかありません。一番おいしいエサは，やっぱり「配当」でしょう。このとき，この会社の既発行の株式は，お世辞にも配当がいいとはいえません。だって，業績の悪化に伴って，とても僅かな配当しかされていないはずですから（もしかすると無配当かも……）。そうなると，これまでと同じような配当の低迷する株式を発行しても，誰にもアピールできません。したがって，「今までのウチの株式より，素敵な配当（方法とか率）だよー」という「差別化」が必要になってくるのです。そうすると，投資家たちも，「おっ，ちょっといいかも」と，ようやく関心を寄せてくれるようになります。

伝統的な「優先株」

　昔から，いわゆる配当優先株という種類の株式がありました。でも，それはあまりに融通がきかないシロモノで，なによりも配当が優先して支払われると，株主総会の議決権が完全になくなってしまうという硬直的な取扱いがなされていました。ほんとは，配当の優先性と議決権はまったく別の視点から見なければならないのに，平等原則を理論的に維持したいがために，「リンゴやるから，ミカン返せよ」のような無理やりの調整が法定されていたのです。現在では，後述するようにそのような

　　　不合理はなくなっています。

2　平等原則と株主「群」ごとの利害の違い

株主間の利害の対立

　このトラッキング・ストックのような新株発行，ちょっと前までは会社法の上であまり堂々とやれるものではありませんでした。それが憚られた最大の理由は，そう，株主（式）平等原則です。今までの株主さんたちが，かわいそうです！

　トラッキング・ストックの発行によって親会社は資金調達することができました。これで経営不振のさらなる悪化は防ぐことができるようになるでしょう。でも，この資金を使って，これから儲ける体勢を抜本的に立て直していかなければなりません。業績の好転はすぐには見込めず，実際に十分な儲けが出るにはまだまだ時間がかかります。それにもかかわらず，トラッキング・ストック株主には，毎期の「素敵な配当」を約束してしまいました。そこで，これから当分の間，会社のなけなしの利益をかき集めてトラッキング・ストック株主だけに「約束した」配当を払い続けていかなければなりません。当然に，それまでのふつうの株主は，やっぱり低配当（無配当）のままなのです。トラッキング・ストックを引き受けた株主への「優遇」を，他の株主は指をくわえて眺めていなければなりません。ちょっとした格差社会の出現です。うーん，悔しい！

　このような「格差」こそ，株主（式）平等原則の最大の敵です。株主（式）は平等でないとね！

見方を変えて

しかし，ちょっと違う角度から光を当ててみると，まったく異なる考え方ができます。それまでの株主，果たして「悔しい……」だけなのでしょうか。

このまま業績が下降していくと，ついには会社は潰れてしまう危険があります。そうなったら株主は無配どころの話ではなく，株式そのものがパァ……，無価値になってしまいます。いかに株主に経営能力がないとはいっても，会社が近い将来どうなってしまうのかぐらいは予想できます。だったらそうなる前に，なんとか会社に新しいもとでを掻き込んで，事業の建て直しを図るのが最善の策ではありませんか。つまりそれまでの株主は，「悔しい……，けど，会社の再建のためには臥薪嘗胆だ！」と，トラッキング・ストック株主の優遇措置を受け入れることを選びます。

あれっ？　この関係，なにかに似ていると感じませんか？　ヤル・ノルのユニット型企業では，ヤルちゃんがノルちゃんのご機嫌をとりながら，なんとか資金をせしめようとします。確かに遊休資本型ノルちゃんが完全なヤルちゃんになることはありません。でも，事情によっては，資金を調達するために会社の持ち主としても苦渋の選択を飲まなければならないことがあるのです。このときは擬似的なヤルちゃんとしてこのマイナス面を負担しなければなりません。

株主の利害の多様化

さあ，そうなると株式は一律に同じモノという前提の上に成り立っていた「株主（式）平等原則」に，大きな揺らぎが生じてしま

いました。さっきの例でいえば，それまでの株主は株式会社自身と一体化して，いつの間にか，疑似的ヤルちゃんの立場に置かれてしまいました。なんとかもとでを得るために，ノルちゃんの立場のトラッキング・ストック株主にアピールしなければなりません。

　このような擬似的ヤル・ノルユニット化のような局面だけに限らず，現代の株式会社では，その成長に従って，株主（式）の一律平等の扱いを維持することが難しくなることが多いのです。そこで，現在の会社法は，株主の間に様々な利害の違いが生じたとき，「株主（式）平等の原則」を盲目的に維持しようとするよりは，むしろ，「みんなが納得しているならそれでイイじゃん」という姿勢をとることにしました。法的には，利害の異なる株主同士（たとえば，上の従来の株主群とトラッキング・ストック株主群）が契約を結んでいる（株主間契約）という捉え方ができることになります。その結果，利害の違う株式はそれぞれグループ化して扱われることになり（これを「種類株式」といいます），株主（式）平等原則は，各グループの「中」でしか適用されないこととなりました。これは，株主（式）平等原則の事実上の「降格」で，会社法の中でのその意義は大きく後退したと言えるでしょう。

どうやって「契約」するの？

　株式会社の株式には，配当のみならず議決権の行使等についても，いろいろな利害が絡みます。ですから，会社法はきめ細かい配慮をして，どんな形でも株式に差をつけることができるようにしました。次の**3**でみるように，もし会社を開始するときから，いろいろな株式が発行されるようなら，会社の最初の「取り決め」である「定款」にそれを書き込みます。定款は

最初の株主の全員がこれを知って参加しますから（というより
イヤだったら参加しません），株主の「群」同士で了解できて
いることになります。それでは，会社の「今」の株主に，利害
の異なる「群」を今後差をつけて扱うことを納得させるために
はどうやるのでしょう。この場合には定款を「書き直す」こと
になりますから，まさに「一大事」です。そこで，あらためて
今の株主さんたちに了承を得るための株主総会決議をもらう必
要が出てきます。群同士が直接話し合うわけではなく，この定
款変更の承認決議によって，とくに不利益を受ける側の群が納
得したものとみなすのです。

3　株式会社制度の融通性
──実質的な利害調整

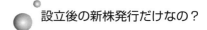

設立後の新株発行だけなの？

　トラッキング・ストックの例は，株式会社が設立された後の新
株発行のときに（しかも会社業績が悪化しているという事情で），
「それまでの株主」と「これからの株主」の間で，「ヤル・ノル」
関係のような利害対立が生まれるという話でした。では，株式会
社設立の時点では何らかの利害の違いは出てこないのでしょうか。
Unit 2 で指摘したように，少なくとも法律上は，設立時の株主は
みんなで一斉に儲け話に「ノりはじめる」と捉えられています。
ですから，このような株主についてはまさに平等原則を適用する
ことがふさわしいようにも見えます。

　でも，株式会社だって企業ですから，きっと出発の時点から誰
かがなにかの「事業」を構想していることだってあると思いませ
んか。

今，新型万能細胞の研究をしている細胞学者たちが５人集まってしゃべっています。リーダー格の１人が言いました。「文科省の補助は，なんでこんなに少ないんだよ。これじゃー，マウス実験さえ十分にできないよな！　いっそのこと俺たちで事業化しちまおうか？」。「そーだ，そーだ！」。万能細胞が成功したあかつきには，膨大な規模の事業になることが予想されます。そうなってからは多くの遊休資本を吸い上げて，日本経済を活性化する切り札として活躍してほしいですね。だからこの５人には，株式会社を使って「事業化」を進めてもらうことにしましょう。

都合のいいように①

当面のところは開発コストが青天井になりますから，それを負担して将来の利益を気長に待ってくれる太っ腹なパトロンがいると便利です。「金は出すけど口は出さない」投資家ですね。もちろんこの段階では利益なんて出そうもありませんから，このパトロンの引き受ける株式にはせめて最低の補償をするために「もし会社が破綻したときは，残った会社財産を根こそぎとっていける」という，特別な約束をつけます（残余財産の優先的取得）。反面，５人の研究者の引き受ける株式は残余財産をもらうことはできない種類の株式になります。開発期間中は会社の方針を研究者たちの思いどおりに決めることが必要になります。コストがかかるからこの方法による開発は打ち切りなんてことになったら，文科省の補助金に代えてまで事業化した意味がなくなります。そこで，５人は全員取締役になります。５人の引き受けた種類の株式では，５名の取締役を選任できるようにしておきます。逆にパトロンたちの引き受けた種類の株式では，２名の取締役しか選任で

きません（「クラス・ボーディング」といいます）。しかし研究者たちが湯水のようにムダ金を使うことは避けなければなりませんから、たとえば１億円を超える研究機材の購入については必ずパトロンたちの引き受けた株式だけから成る「種類株主総会」での承認を必要とすることにしておきます。

都合のいいように②

　何年も研究成果が出ないときは、パトロンたちは投資を引き上げたいと思うようになりますから、その株式を「買取請求権つき」にしておきます。そうすると「もうやめた」と思うパトロンは、会社に自分の株式を「買い取ってね」ということができるのです（これ重要です！　だってこの会社の株式はこの時に誰も欲しいとは思わないでしょうから……）。さて、いよいよ万能細胞の開発に成功し、膨大な利益が上がるようになりました。東京証券取引所に株式を上場して、晴れて一流企業の仲間入りです。そんなとき、研究者や当初のパトロンに特別な扱いをする種類株式が発行されていると、他の投資家が引いてしまいますから、ここでいったんチャラにしましょう。両者の引き受けた株式を「取得条項つき」にしておくと、上場を引き金に会社にその株式を返上しなければなりません（引き替えに大量の普通株式を貰うことが多いようです）。

　このように考えると、株式会社はその設立の時点から「平等」どころではなく、利害の異なる種々の人々の集合体である場合があります。そんなとき、はじめから様々な利害をもつ人たちが話し合いをして、それぞれの利益を調

整することが必要になります。確かに，ノルちゃん（しかも②型・**Unit 2** 参照）が一斉に遊休資本を出して，まず大きな事業資金を形成するというような，これまでの株式会社観は大いに修正されることになります。しかし，株式会社にもイロイロな「使い方」があってもいいでしょう。種類株式は，いつの時点でもそのような様々な利害の相違を反映できるようにした，とても便利な仕組みで，これによって株式会社制度には大きな融通性・利便性がもたらされることになったのです。

株主優待制度

　このごろ話題になることが多いのは，たくさんの株式会社がやっている株主優待です。一定の数の株式を持っている「個人株主」には，たとえば食肉メーカーから盆暮れにハムの詰め合わせが送られてきたり，電鉄会社からは全線乗り放題券が20枚送られてきたり，大きなところでは航空会社がハワイ往復のチケット（ないし相当するマイレージ）をあげたりすることがあります。これはみんな，「個人株主さん，わが社の株式を末永くよろしくね」というサービスなのですが，見方によっては，その一定数に満たない個人株主にとって「なんだよ，オレだって株主なのに……」という不平等感を抱かせる原因にもなりかねません。そこで，あまりに過剰な株主優待制度を伴う株式は，サービスという域を超えて「種類株式」として扱わなければならないこともあります（株主総会の決議を必要とする等）。

市場性と平等原則の緩和

　ところで，**Unit 13** で見たように，株主平等原則の現実的な役割として，「売り物としての均一性」が強調されています。

平等原則の緩和は，このことにどう影響するのでしょうか。確かに商品の均一性は買い手に便利な原則でしょう。でも，反面そのことは，商品を選べないということにもなります。投資家の「欲しさ」は一律ではありません。売り物である株式にいろいろな違いを設けると，様々な欲しさにちょうど見合った商品を提供できることになります。つまり，平等原則の緩和は，商品種類の多様化となって，投資意欲をくすぐるようになりました。

　もっとも，商品多様化と買い手の混乱は反比例する関係にあります。株式市場では，あまりに複雑な種類の株式などについては売買の場に乗せず，投資家保護を優先させることも多いのです。

 譲渡制限種類株式

　種類株式の多様化は，思わぬところに波及しました。**Unit 9**で述べた閉鎖会社，株式の譲渡に取締役会（株主総会）の承認を必要とするのでしたね。あれは，アカの他人が会社の株主になって困惑することのないように譲渡相手を制限する仕組みでした。つまり，閉鎖会社用です。ところが，会社法はこの譲渡制限を種類株式として行うことができるようにしました。その結果，これは閉鎖会社専用の仕組みではなくなったのです。たとえば，2015 年にトヨタは，発行のときからおおむね 5 年間は譲渡に取締役会の承認を必要とする「種類株式」を発行しました。もちろんトヨタは閉鎖会社ではありません。この種類株式は，個人の投資家をターゲットとしており，なるべく長くトヨタに愛着をもって株式を持っていてもらいたいという思惑で発行されたのです。閉鎖会社のときとはまったく目的が違います。このように種類株式の多様化は，変幻自在の「株式マジック」を可能にしたということができます。

Unit 15 ばくち型株式取引？
──新株予約権

1 「株式」投資と「約束」投資

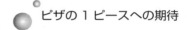 ピザの 1 ピースへの期待

Unit 4 で見たような，株式市場で株式を「買う」ことにスポットを当ててみましょう。もともと人々が株式を「買う」動機は，会社というピザがどんどん大きくなり，それにつれてそのピースである株式の価値が「もっと上がる！」と期待するからです。この株式は今でこそこの値段だけど，会社の収益性や将来性を考えると，将来絶対に値が上がる！　人々はこう判断するからこそ株式の購入に燃え，多くの人が同じように考えて 1 つの株式に群がると「人気株」となります。

たとえば，新型タブレット端末が大ヒットしている某会社の株価を 3 万 2000 円だとします。A さんは，この会社の新製品がこれからもブレークし続け 1 年後にはその株価が 3 万 6000 円に値上がりするとふんで，即刻 1 株ゲットしました。思惑どおり，1 年後に同社の株価は 3 万 6000 円になったとします。A さんが 1 年後に株式を売れば，なんと 4000 円の儲けになります。

順当にこのような「投資」によって利益を上げた A さん，よかったですね。でもちょっと意外なところから A さんの行動に「なんくせ」をつけてみましょう。そもそも A さんは，株式を購入する時点で 3 万 2000 円を持っていなければなりませんでした。

そんな大金を用意できない人々はどうすればよいのでしょうか。

 1 ピースへの最低投資額

　「貧乏人は株をやるな！」という答えもアリです。かつて会社法は、ピザのピースがあまりに安くなって、貧乏人が大挙して株式売買に走ってしまうと、管理コストがかかりすぎる（簡単にいうと「市場や会社にとってウザい！」）という立場をとっていました。そこで、原則として5万円以上のお金を持っていないと1株を手に入れることができないという流れになるように、法律がプレッシャーをかけたことがあります。それまで1株が500円とかの価値で流通していた会社は、さあたいへん。100株を集めて1株として扱わなければならなくなってしまったのです（単位株制度）。今では法による「貧乏人排除」のプレッシャーこそなくなりましたが、その名残がちょっと残っています（単元株制度）。

金がないヤツの「投資」

　株式1株は高嶺の花という人にも朗報です！　平成13年に「新株予約権」という新しい「市場商品」が導入されました。まず新株予約権を定義しておきましょう。これは、「あらかじめ約束しておいた時に約束しておいた金額で株式の発行を会社に対して請求することができる権利」をいいます。えっ？　なんだそりゃ？　例を挙げてみましょう。さっきの某会社、今（予約権の発行時点）の株価は3万2000円です。このとき、この会社は実際の株式のほかに、「1年後に3万4000円で1株を会社が発行する約束」を「売り物」として株式市場に出しました。この約束の値段を仮に1000円としましょう（実は、この値段設定そのものに

Unit 22 で後述するように大きな問題があるのですが，とりあえず
……）。B さんは，1 年後に某社の株価が 3 万 6000 円になると考
えました。そこまでは A さんとまったく同じです。でも B さん，
手元に 1000 円しかありません。そこで，この「約束」の方を購
入します。1 年後に 3 万 6000 円になっている「はず」ですから，
今払った 1000 円に加えて 1 年後に約束のとおり 3 万 4000 円を払
い込まなければならないとしても結局は 1000 円得します。

　あれっ？　でもちょっと待って下さい。「今」の時点で株式を
購入した A さんは，3 万 2000 円を支払い，1 年後にその株価が
3 万 6000 円になっていますから，このときに売れば「4000 円」
利益が出ます。ところが，「今」の時点で「約束」を 1000 円で購
入し，1 年後に 3 万 4000 円払って株式を取得した B さんは，合
計 3 万 5000 円払って 1 年後の 3 万 6000 円の株式を得ますから，
儲けは「1000 円」しかないことになってしまいます。だったら，
「今」の時点で「株式」を買っておいた A さんの方が遥かに得だ
ったのではありませんか？

2 新株予約権の本当の「うまみ」

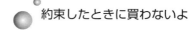
約束したときに買わないよ

　もしこのように考えるのであれば，Bさんの「投資」は骨折り損ということになってしまいます。なまじ「1年後の約束」なんかを売りに出す意味はないでしょう。しかし，新株予約権の真骨頂はこの先にあります。「今」のBさん，1000円しか持っていなかったことを思い出して下さい。1年経ったってお金ができているとは限りません。ですから1年後にBさんが「約束どおり」3万4000円を払い込まなければならないとするのは酷でしょう。この約束を果たすのは別にBさん自身でなくてもいいんです。

　ここで，1年後にCさんにご登場願いましょう。Cさんは，その時点での某社の「株式」を購入しようとしている人です。この人の「今」は，A，Bさんにとっては「1年後」です。ですから，Cさんが取得するときの株価は3万6000円（きっとCさんは，さらに将来，株価が3万8000円にも4万円にも上昇していくと考えているのでしょう）。Cさんは1円でも安い方がいいですから，もし3万5999円で購入する手段があればそれに乗ります。予約権を持っているBさんは，Cさんに1999円で予約権を売るとすればどうでしょうか。Cさんはこの予約権によって3万4000円で会社から1株を取得することができます（Bさんからの予約権購入代金1999円を出しても，1円得します）。このとき，Bさんは1000円の予約権購入によってめでたく999円儲けることができました（実際には，1年後の行使時を待たなくても，それまでの間にBさんは様々な思惑の「予約権購入希望者」に売ることもできます。そのた

めに予約権はさらに後述するような「ギャンブル性」を高めることに
なったのですが……）。

ちょっと整理──投資の効率は？

　込み入ってきたので整理してみましょう。「株式投資家」Aさ
んは，「今」の時点で3万2000円を支払って，「1年後」に3万
6000円を得ました。「予約権投資家」Bさんは，今1000円を支
払って，1年後に1999円を得ました（「1年後」の「株式投資家」
Cさんを利用します）。儲けの金額ではAさんの方が多いのは確
かですが，投資効率という面から見るとどうでしょう？　Aさ
んは4000円を儲けるために3万2000円を払っています。それに
対してBさんは999円儲けるために1000円しか払っていません。
4000/32000＝12.5％なのに対して，999/1000＝99.9％です。あら
不思議！　新株予約権という売り物を用意することによって，
「もとでを持たない人がむしろ効率よく儲ける」ことが可能にな
りました。

　ところで，株価が上昇する場合ばかりを想定しましたが，A
さんやBさんの思惑がまったく外れることも当然にあります。
逆に，1年後に株価が2万9000円に下落してしまったら……。
こちらはもっと簡単です。「株式」を購入したAさんは，購入価
額が3万2000円ですから3000円も損を被ってしまいます。とこ
ろが，Bさんは1年後に予約権を行使しなければいいだけですか
ら，予約権購入の代金1000円の損にとどまります。新株予約権
は正確を期せば「あらかじめ約束した値段で購入できる」権利
（コール・オプション）をいいます。つまり，この約束を守らなけ
ればならないのは，会社の側だけです。予約権を購入した側がそ

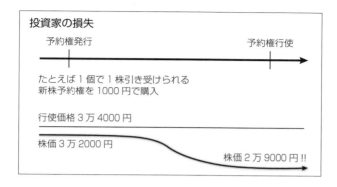

れを行使するかしないかは自由です（もっとも，このときは1年後に予約権を売ることもできません。2万9000円のものを3万4000円で買う人はいませんから……念のため）。そうなると，「株式」を買ってしまったAさんは，株価が下落するにつれて買い手がどんどん減っていき，へたをすると株価下落のリスクにとことん苦しめられるのに対して，「予約権」を選んだBさんは，予約権購入価額を切り捨てれば下落リスクをそこまでに限定することができるわけです。

3　市場の活性化

　さて，このように新株予約権は株式市場をより面白いものにしました。ただ新株予約権は株式会社法上の専売特許製品ではありません。穀物や野菜などについて「将来の一時点での取引価格をあらかじめ約束して売買する」という類型の取引が古くから存在しましたし，価格の変動する（相場のある）モノでは，金とかプ

ラチナなどについてもそうした取引が一般的に行われてきました。それを「先物取引」と呼びますが，新株予約権は，さしずめ「株式先物取引」にあたるわけです。

　この株式先物取引，決して株式そのもの（「現物株式」といいます）の売買ではありません。上の例でいえば1年後の約束の実行日までは，1株たりとも株式は発行されていません。そして何よりも重要なのは，予約権取引を行う者は「株主にはならない」点です。上のBさんは，①株価が3万6000円になったらCさんに予約権を売る，②株価が2万9000円になったら予約権を行使しない，のいずれかですから，実際に株主になる機会はありません。AさんやCさんがいったんは「株主になる」ことと対照的です。

● ギャンブル過熱！

　株主は，株式会社の法構造上，自分が株式を購入した会社に対して愛着も思い入れも薄いのが常です（**Unit 5** 参照）。ですから，株式を「投資」の対象として売買する市場が形成されました。しかし，新株予約権のような先物取引は，さらに1段階グレードアップした「ギャンブル」です。まだ発行さえされていない株式を

ダシにして，もとでをあまり持たない人々に投資効率が高くしかも投資リスクの低いギャンブルを解禁した。これが，新株予約権導入の本音だったのかもしれません。

　1991年に始まったバブル崩壊以降，日本の株式市場は大きく冷え込みました。株価が低いままに固定し

てしまい，**Unit 10** で述べたような新株発行による資金調達もう
まくいかなくなりました。日本中で，資産を貯蓄に回して「投
資」のリスクを避ける傾向が強まったのです。そこで，ギャンブ
ルの魅力（誘惑？）を高めることで，株式市場の「お客」を取り
戻そうとしました。株式市場の衰退は国の経済全体にとって死活
問題ですから，それもやむを得なかったといえましょう。しかし，
会社法的には，新株予約権は「株式」とはまったく別物であると
認識しておく必要があります。

Part3

会社の健康管理
——ガバナンス

ダンスパーティー・ファイナンス編は楽しんでいただけましたか？　かなりの場数を踏みましたから，みなさんはもう会社法ダンスを一通りこなせるようになりました。それでは次のパーティー，「ガバナンス」会場へとご案内しましょう。ここのお相手たちも，ダンスはとてもうまい面々ばかりです。どうか，振り回されないように，しっかりとステップを踏んで下さい。シャル ウィ ダンス？

Unit 16　経営のチェック
──監査とは？

1　アタマは誰のために……

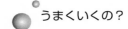
うまくいくの？

Unit 5 で述べたところですが，「所有と経営の分離」を前提として株式会社を形作ると，株主はカラダを「所有」するだけということになって，ふだんの業務の決定のためには雇われシェフである取締役がアタマをつとめます。「カラダの持ち主がアタマとして決定できない」という奇妙なことになるのです。

ところで，もともと法律というのはモノゴトの最悪の場面を想定して決められます。つまりホウリツ君たちは，ほんとはとても根暗で疑り深いヤツらなんです。会社法も，もちろんホウリツ。会社法は株式会社について，持ち主が自分では「決められない」からこそプロにアタマを任せるという大胆な組織的構造を編み出しました。ところが，同時に根暗な顔して，「うーん，そんなこと，うまく行くかなぁ……」と疑っています。なにせ，性悪説ですから（**Unit 3**）。おいおい，お前が作った仕組みだろ。

取締役（会）は，「わざと」か「うっかりと」か，いずれにせよカラダの持ち主であるはずの株主の利益に結びつかない決定をすることがあります。所有と経営の分離という仕組みがうまく機能せず「アタマの考えたことが必ずしもカラダのためにはならない」となってしまうと，カラダの持ち主である株主がとても迷惑

します。儲けが出ませんから……。株主は「どん欲でわがままな
ひな鳥」です。エサとりは親鳥まかせで，いつでも腹を空かせて
います。大口開けて上を向いて，日がな一日，「ガー，ガー，エ
サ寄こせ！」と鳴いています。親鳥がエサをとれなかったり少な
かったりするともう大騒ぎになります。

2つの方向性

　みなさんが前の晩，飲み過ぎたときのことを考えて下さい。
「あーあ，あんなに飲まなきゃよかった……」と深く後悔します
よね。でもこのとき，みなさんのカラダに誰か別の所有者がいて，
「おい，なんであのとき3杯でやめておかなかったんだよ！　責
任とれよな！」と迫ってくることはありません。みなさんのカラ
ダの持ち主はみなさん自身ですし，当然にアタマも「自分のアタ
マ」でしょ。失敗したとき，幽体離脱みたいに自分を客観的に見
つめて責める「もう1人の自分」がいる……，なんてことにはな
りません。「今泣いて悔やんでいるアタシ」は「あの時，飲み過
ぎたおバカなアタシ」と同一人物ですから，誰を責めるわけにも
いきません。自己責任です。

　でも，株式会社の場合，カラダの持ち主である株主とアタマで
ある取締役（会）とは「同一」ではありません。カラダの持ち主
はアタマに対して，「なんであの時，うまくやらなかったんだ
よ！」と怒るのも当然でしょう（そういうおバカなアタマを据え付
けた株主自身が悪いんだとこじつけられないわけではありませんが
……）。そう，株主は自分たちの持ち物である株式会社の成果の
善し悪しを，「ひとのせい」にできるのです。

　そう割り切れば，会社法が進むべき方向は2つに絞られます。

　　まず第1は「見張り」です。つまり，転ばぬ先の杖として，アタマがカラダの利益にならないことを決断する前に「誰かにチェックしてもらう」仕組みを整えましょう。第2は「責任」です。取締役に慎重に決定し行動してもらうための法的義務を課し，それに違反した場合には株主がその法的責任を追及できる道筋を整えておきましょう。会社法は，この2つを株式会社のガバナンスのコアに置いています。本書では **Unit16** と次の **Unit17** で前者を，そして **Unit18**，**Unit19** および **Unit20** で後者について掘り下げてみましょう。

2　業務監査と監査役

　　　　　　　　　　　　● 持ち主（株主）にチェックさせる？

　　このように取締役の決定・行動は，株主の利益に直結しますから，「チェック」はとても厳しく行われなければなりません。このチェックの構造は「業務監査」と呼ばれ，日本の商法・会社法でも古くから論議されてきました。さて一番の問題は，このチェックを誰がやるかという点です。これまでの日本の対処も見ながら，少し深いところに立ち入ってみましょう。

　　まずトンチ問題を1つ。「アタマに対する業務監査はカラダの持ち主である株主がやればよい」という命題を立てるとすれば，それは正しいでしょうか。アタマのおバカな行動から被害を受けるのはカラダの持ち主です。だったら単純に，カラダの持ち主が自分でアタマをチェックすれば？　なるほど，とても簡単に解決がつくようにみえます。

　　しかし，所有と経営の分離という株式会社の理論的ベースを思

い出して下さい。そもそも株主は株式会社の経営がわからないから取締役に任せたのでした。だとしたら，たとえ取締役の行動をチェックしようとしても，そもそもなにをやっているのかさえわかりませんよね。将棋の名人戦七番勝負の解説に，将棋の指し方を知らない素人をもってくるようなものです。だから，実はカラダの持ち主である株主（具体的にはその集合体である株主総会）にアタマを見張らせるというこの命題は，ぜんぜん頼りにならないのです。

チェックの専門家

　だったら次に，その「所有と経営の分離」を応用して，「所有と見張りの分離」を導入するのはどうですか？　つまりチェックにも専門家を据えるのです。「監査役」という言葉をお聞きになった方は多いと思います。日本語の響きからして「監査役」ってカッコいいですよね。なんか，取締役を懲らしめるヒーローみたいで……。業務監査のためにも専門家を雇えというこのアイデアに基づいて，日本ではかなり早い時期に（明治23年の商法草案）法律の規定で「監査役」が設けられました。そして現在にいたるまで，監査役は取締役をチェックする機関として，株式会社の構造上重要な役割を果たすものと期待され続けてきました。

　監査役は「いつでも」取締役に「事業の報告を求め」たり，自ら「業務及び財産の状況の調査」をすることができます。しかも必要とあれば，「子会社」に対してもそのような強権を発動できます（会社法381条）。後述する取締役会にも出席して意見をいうことができますし（会社法383条），なによりも，取締役の不適切な行為によって「会社に著しい損害が生ずるおそれがあるときは，

当該取締役に対し，当該行為をやめることを請求」できるのです（会社法385条）。おおっ，これこそ会社経営のチェック，つまり業務監査の真髄ではありませんか！

意外な矛盾

　ところが，一見すると名案のようなのですが，実は監査役というシステムにはいくつかの根本的矛盾が潜んでいます。

　第1に，チェックする能力は，チェックされるヤツよりも高くなければ意味がありません。チェックする側の能力が高ければ高いほど効果があります。名人戦七番勝負の解説者は，たとえ棋士でも4段ではダメです。一手指すたびに「うーん，この手はどんな意味なんでしょうね？」と解説者が悩んでいては，「キミ，もう帰っていいよ……」となってしまいます。やっぱり名人戦を何度も戦ってきたような天才棋士でないと……。しかし，株式会社の場合，その構図だともったいないです。なぜなら，取締役より経営の才能に恵まれているヤツが「チェックしかしていない」からです。そんなに優れたやつなら，経営そのものをやらせた方が株主のためになりませんか？

　第2に，監査役もその本質は，取締役と同じ「雇われチェックシェフ」です。所有と経営・所有と見張りの分離に基づく以上，しょせんは取締役と監査役は同じ穴の狢（むじな）です。アタマがカラダの持ち主のためにならない会社経営を行うかもしれないと危惧されるのなら，そのアタマと同じ立場の監査役だって，カラダの持ち主のためにちゃんとチェックしてく

れるとは限らないでしょ。株主は雇われシェフの行動にドキドキしながら，さらに雇われチェックシェフについてもハラハラしなければなりません。心配が増すだけです。

3　取締役「会」

🔘 取締役会の中での個々の取締役の働き

Unit 5 で触れたように，株式会社が「動く」という見方をするとき，アタマとして適切なのは個々の取締役を脳細胞として構成される「取締役会」という合議体でした。実は，むしろこのUnit のようにチェック（業務監査）というアプローチから見るときにこそ，この取締役会はとても重要な役割を果たします。なぜなら，業務監査（チェック）は，本質的に業務執行（動く）と同じものだからです。正確にいうと，前者は後者の一部分なのです。えっ？　前に見た監査役のやることも，実質的に取締役がやることと同じってこと？　はい，そのとおり！　見張るヤツと見張られるヤツだよ，本当？　本当だってば！　その点についてちょっと詳しく説明しましょう。

ある自動車会社では，アジア圏への進出が検討されています。A取締役がインドのグジャラートに1兆円規模の新工場を建設し，ここを拠点に2輪と4輪の製造販売を展開しようと提案しました。ところがアジアの経済情勢に詳しい取締役Bが，インドよりもタイのランパーンという工場誘致地帯に進出する方が，政府からの保護も手厚く熟練工も集まりやすいと意見を出します。Aはこれに「なるほど！」と納得しました。しかしさらに取締役Cは，タイでは政情の不安定が強く懸念されるため，ミャン

マーのティラワに新工場を設置すれば，5000億円規模で工員養成費用を見積もったとしても，人件費の安さからそれを遥かにしのぐ利益が出ると主張しました。AもBも「なるほど」と納得しました。

さて，ここでBとCは，いずれも2段階の思考過程を踏んでいます。つまり，①前に提示された案を吟味した上でこれを否定するという過程と，②会社にとってより良いと考えられる案を出すという過程です。すなわち「破壊と創造」です。新案が提示される場合，旧案「よりも」よいというスタンスからのことですから，必ず①の旧案の精査が含まれるのです。これはすなわち，旧案の「チェック」そのものですね。つまり複数の取締役から成る取締役会で合議をすることは，必然的に業務監査（①の過程）を経てより良い案を創出する，すなわちベストな業務執行を行うという道につながるのです。

チェックと業務執行

仮に①だけしかやらないヤツがいたとしたらどうでしょう。他の取締役の出す案には，いつも「反対！　それおかしいよ」というのですが，「なんで？」と聞くと，「自分で考えろ」というヤツです。まるで意地悪な先生ですね。経営の教育機関でもあるまいし，わかっているなら教えてよ！

ところが，前述した監査役は，ほんとにこの①しかやりません。取締役が提示した案を精査することはできますから，それを否定することはできるでしょう。しかし，改善案を出すのはもはや「業務執行」だと意固地に考えると，監査役の権限を越えてしまうことになってしまいます。そのように四角四面にチェックだけ

にこだわってしまうと，監査役はむしろ②を「やってはいけない」ことになります。だとすれば，監査役というのは，上の意地悪な先生みたいにかなり中途半端な地位にあることになりますね。

したがって，本来は「業務監査」と「業務執行」とは，分けて捉えることのできない一連の過程として理解する方が現実的です。そうした見方をすれば，その過程のすべてを行う権限を持つ取締役こそ，経営のベスト策を求めて，提案されたすべての経営方針をチェックするに最もふさわしい立場にあります。

ただ，もちろん1人きりではダメ！　複数の取締役を1つ鍋の中に放り込んで，互いにワイワイやり合わせます。そのための場が，取締役「会」という合議制の業務執行機関なのです。そしてこの真理に気づいた日本の商法・会社法は，昭和25年に株式会社に一律に3人以上の取締役から成る取締役会の設置を義務づけました（これは **Unit 18** で述べる取締役の「暴走」を防止するという機能につながっていきます）。

業務監査と会計監査

「監査」には，本文中で見たような「業務監査」のほかに「会計監査」があります。会計監査は，転ばぬ先の杖としての業務監査とは異なり，むしろ事後的に会社の活動に不正がなかったかを確かめるチェックです。株式会社という貯金箱は，お腹の中のお金を増殖させることを目的に活動するのでしたね。ですからその活動はすべて「お金」の動きとして記録に残っているはずです。すべての活動に領収書とか発注書とかの伝票が残されています。それらがある期間に溜まりに溜まると，整理のために「帳簿」に転記してまとめないとめんどくさくなってしまいます。会社の計算書類といわれるものが必ずお金の書類

になっているのはこのためです（この整理が次々と行われていくと最後の書類は貸借対照表となります）。

　さて，最初の領収書などの伝票の総計は，最後の計算書類でまとめられた数字と合っているのでしょうか？　途中で「転記ミス」（うっかりかワザとかわかりませんが……）はありませんか？　これをチェックするには，伝票の段階から会社のすべての帳簿を照らし合わせる作業が必要になります。これを「会計監査」と呼びます。この作業のために必要な資質は何でしょうか？　これには，業務執行が会社のためになるのかという「業務監査」を行う際の判断力を求められるわけではありません。むしろ，複雑な会計書類の作成ルール（どのような支出・収入が帳簿上どのような「項目」として合算できるか等）に精通していることが要求されるのです。したがってこの作業のためには，公認会計士とか税理士が最もふさわしい専門家ということになります。

　会計監査は，会社のお金の動きの痕跡である資料をぜーんぶ外部の公認会計士・税理士さんに渡して，「計算が合うかどうかチェックしといてね」とやるのが一番適切なやり方なのです（もっとも，長年のカンで，「この規模の会社でこんな金額がこの項目に計上されるはずはない！」と疑った公認会計士・税理士が，事後的に大々的な業務不正を発見することはありますから，会計監査が業務監査と完全に無関係というわけではありません）。

Unit 17　取締役会の活性化

1　社内取締役の光と影

出世ってなに？

　Unit 16 で見たように，株式会社の業務執行（業務監査を含む！）は取締役会という合議体に委ねられることになります。そして **Unit 5** でも述べたとおり，この取締役会は株式会社のアタマとなり，取締役はそれぞれ脳細胞として働きます。と，法律的にいうのは簡単なんですが……。

　現代の株式会社は，日々とても複雑な業務をこなしていかないと経済の流れに乗り遅れて，会社はどんどん斜陽化することになりかねません。まさに生き馬の目を抜くような会社の業務執行を決定するアタマ，その脳細胞となる取締役って，実際にどんな人で，どんな経緯から取締役に就任するのでしょうか？　興味シンシンですね。

　何度も言いますが，株式会社の存在意義は，もっぱらもとでを増殖して株主に還元することにあります。つまり「儲ける」ことこそアタマのめざすべき最大の目標です。実は，最初からこの目標に縛られた人たちがいます。といってもそれほど特別な存在ではありません。サラリーパーソンです。本書を読む多くの学生さんは，大学を卒業したら会社に「就職」するでしょう。こうして会社の「使用人」になる（一般に「社員」になるといわれますが，法的には社員は株主のことをいいますから，サラリーパーソンを社員

と呼ぶのは誤用です）と，出世をめざして一生懸命働きます。たとえば，営業で新規開拓をして取引先を増やす→会社が儲かる→評価されて課長になる→さらにがんばって顧客を開拓する→さらに会社が儲かる→さらに評価が高まって次長になる……。なるほど，会社の儲けに貢献するからこそ出世するんですね！　儲けを上げられない→役に立たないと評価される→万年ヒラ→最後は窓際……。ありゃー，こうはなりたくない。

● 出世の極み──エリート集団の「アタマ」

このように出世する使用人は会社の目的そのものを実現する技量に優れた人ということです。出世の先陣をきってきた部長とか本部長は，その会社に最もふさわしい「儲け方」に精通しその会社にぴったりとはまった「儲ける発想」のできる人です。この人たちを取締役にしない手はないでしょう。この人たちこそ，それぞれの会社の個性に応じたすばらしい脳細胞候補です。日本ではよく，「重役に上りつめる」という表現が使われます。重い「役」，すなわち「取締役」になることは，こうした「出世」の最終目標と捉えられているのです。

こういう取締役は会社の使用人から生まれたので，ふつうは「社内取締役」，そして現実に使用人として培ってきた「業務執行」の経歴を買われてその地位に就いたので法律的には「業務執行取締役」と呼ばれます。それまでの出世の過程で実際に会社を「儲かる方向」に動かしてきたのですから，取締役に就任してからもその期待は大きいですね。

さあ，こんな有能な脳細胞ばかりでできた取締役会は，さぞかし会社のためにがんばってくれることでしょう。取締役会内部で

は，有能な脳細胞たちがお互いにヤイヤイやり合います。そして
その過程では「業務監査」が効果的に遂行されます。取締役たち
は互いの発案を批判しあって，最終的にはみんなが納得するかた
ちで，最も儲けが期待できる最も洗練された業務方針が採用され
るはずです。

脳細胞の序列化

しかし，ここで１つ大きな問題が生じます。上のように「ヤイ
ヤイやり合う」ためには，「取締役同士がタメで本音を言い合え
る」ことが大前提になります。このタメのケンカ，取締役がお互
いに会社業務について「襟を正す」ためにも重要なことです。

ところが出世型の社内取締役はどうでしょうか。出世は引っ張
り上げてくれる「上司」がいてこそ可能なのです。ある有能な使
用人が本部長になったとき，「キミキミ，そろそろ役付を考えて
おこうかね」と声をかけてくれるのは，常務取締役です。そう，
この常務は，20年前に課長だった時代から，ヒラの使用人だっ
た自分をずいぶんかわいがってくれていた。そしてとうとう……。
晴れて取締役となった本部長は，確かに法律上は，この常務「取
締役」と同等の立場に就きました。しかし，そのとたんにタメぐ
ちで話すなんて失礼なこと，とうていできませんよね。実は，そ
の常務も専務に，その専務も社長に，同じように声をかけられて
きた「社内」取締役だとすれば，「取締役会」の内部で社長をト
ップとする会社内の序列が延々と連なっていることになります。

こうして出世型の社内取締役から成るアタマ（取締役会）は，
必然的にその中で脳細胞（取締役）に序列ができてしまいます。
上位の脳細胞がいうことには下位の脳細胞はめったなことでは逆

らいません。したがって，株式会社の業務執行の決定は，いつでも上位のいくつかの脳細胞のいうとおりになります。他の脳細胞は，使用人としての上下関係の束縛から抜け出すことができず，本音で批判などできないままです。

社内取締役の闇──経営者支配

さらに，そのような状況で上位の脳細胞だけが「代表権」を持つ代表取締役になったとしたらどうでしょう（代表取締役は取締役会の互選で選ばれますから，上位脳細胞にとっては簡単なことです）。上位の脳細胞は，会社自身として動くテアシとしての地位も手に入れました（**Unit5**参照）。もし「テアシ」が，脳であるはずの取締役会の指令を無視して動くことができたら……，いやそれどころか，脳細胞として入り込んだ脳そのものを乗っ取って，勝手に「株式会社の業務執行」を完全に支配してしまったら……。怖いですね。まさに独裁者の誕生です……。

このような「支配的脳細胞＋テアシ」として万能となったいく人かの代表取締役から成るグループを，俗に「経営委員会」とか「常務会」と呼んだりします。日本の大規模な株式会社では，会社の業務執行を「決定」し「実行」していくのは，独裁的な代表取締役たちから成るこれらのグループなのです。会社法は，遊休資本を出資した株主ばかりから成る株式会社を法律的なプロトタイプに置いています。そのような株式会社では，制度設計に所有と経営の分離が徹底され（**Unit3**），しかも現実に株主は無機能化しますから（**Unit7**），そもそも社内取締役が本来の会社持ち主である株主のコントロールを脱するのは容易です。その上，社内取締役序列化によって，脳であるはずの取締役会のコントロールさ

え効かなくなります。こうして二重の意味で束縛を逃れた独裁的な代表取締役のグループは，株主の利益を「最大化」するためではなく，自分の「王朝」下での会社の存続・規模拡大をめざす方向に走るようになります。もちろん，その過程で自らの「報酬」や「役得」を思う存分に享受することを忘れはしません。これを「経営者支配」と呼びます。株主にとって，このような取締役会制度の「誤算」は，自らの利益を揺るがす最大の脅威となるのです。

 取締役への「就任」

　法律的にいうなら「取締役就任」は課長就任のような「昇進」とは性質が異なります。取締役を選任するのはあくまで株主です。日本は一貫して，どのような株式会社でも取締役の選任は株主総会で行うという立場を厳守してきました（**Unit7**）。したがって，株主総会が「キミキミ……」と本部長に声をかけなければならないはずです。もし本当にそうであれば，この時点で統括本部長は常務や専務，さらには社長・会長の思惑が支配する「出世街道」を離れます。取締役になったとたんに，「もう，金輪際お前らの顔色なんかうかがわないよ！　株主サマが俺を取締役にしてくれたんだから」といって大暴れすることができるはずです。しかし現実問題としては，株主は使用人の中で誰を取締役にしたらよいか，まったくわかりません。そこで，上司である取締役は取締役「候補者」を実質的に選定し，形式的に株主総会の承認を受けるという方法をとります。つまり，「取締役選任」という株式会社システム上最も重要なイベントは，出世街道という権勢的な序列に従う道程に巧みに取り込まれ，取締役会は実質的には経営者支配を助長するイエスマン集団に堕ちてしまったのです。

2　救世主登場──社外取締役

ブイヤベース鍋──社外取締役の参加

　これまで見たように，有能な取締役会を作ろうとしても，ヘタをすると経営者支配というドロドロの闇に吸い込まれる危険があります。それではこの弊害を避けるためにはどうしたらよいのでしょう。社内取締役を一切禁止しますか？　それは得策ではありません。出世街道の頂点としての取締役就任は，能力という面から見れば，その会社の経営に精通した人が取締役会に参加するのですから，なんの文句もありません。むしろ，会社を効率よく動かしていくためには必要な要素です。問題はすべての取締役が，1つの基準（使用人）だけからなる序列に収まってしまったことにあります。

　オマールエビ，明石のタコ，ムール貝などは，それぞれ具材としてとてもおいしいモノです。でも，1つの鍋に放り込んでグツグツ煮込み，それぞれのクセを抑え，互いにダシを効かせ合うと，舌が蕩けるようなブイヤベースができます。取締役会でもこのブイヤベースを模したら……。たとえていえば，社内取締役ばかりからなる取締役会は，具材がただ1種類，オマールエビばかりで

す。だったら，社内取締役というオマールエビ系以外にも，明石のタコ系取締役やムール貝系取締役を入れればいいじゃないですか！

　今，会社法の世界でとってもトレンディーな話題の1つに「社外取締役」があります。使用人の「たたき上げ」以外のところから導

入する取締役という意味で，この用語が用いられます。株式会社では，実際の具体的業務計画の多くは社内取締役の発案によります。彼らは長い「使用人生活」の間に会社の扱い方に精通しているのですから，それも当然でしょう。そしてその発案を，社内の使用人序列に属していない取締役がまったく別の視点から丹念に練り上げる。このように，社外取締役には，社内取締役（しかも使用人的には上位の）に自由にもの申す活性化された脳細胞としての役割が期待されています。

社外「監査役」って？

　日本の会社法では，社外取締役が真剣に論議されるより前に，社外「監査役」というものが導入されたことがあります（今も一応あります）。監査役については **Unit 16** で，チェックの専門家として触れましたね（そして，いくつかの矛盾をあげました）。実は，監査役についても「社内」出身者は，自分の「上司」である取締役にはもの申すことができません。ですから，社外監査役の参入によってその点を改善しようとしたのです。ところが，監査役はしょせんは部外者です。もし取締役（会）の決定をダメだと思ったら，鍋の火を消してしまうほかありません（行為の差し止め）。グツグツ煮続けながら是正していくためには，鍋の中身として社内取締役の強い「アク」を弱めていかなければならないのです（業務監査は業務執行の前半分であったことを思い出して下さい〔160 頁〕）。

社外取締役の「資質」

　ただ，使用人以外から持ってくればなんでもよいというわけではありません。社外取締役には 2 つの資質が求められます。

　第1に，会社の業務に対する精通度が問題です。その会社の業務を最もよく知っているのはやはり使用人ですから，社内取締役には抜群の業務精通性があります。それに対して，ストーカーや産業スパイじゃないのですから，「社外」取締役はそこまで知り尽くしているはずはありません。かといって，まったくの無知でも困ります。「アタシ，全然わかんなーい」では，そもそも何のために取締役会に入ってもらったのか……。そこで，「業界」あるいはより広く「会社経営」に精通しており，その会社だけの狭い視野にとらわれることなく大所高所から判断のできる外部者という，かなり高邁な資質が求められることになります。

　第2に，その会社に対する利害関係性が問題です。経営者支配に覆われている会社でこれを打破するためには，社内取締役一派に対するなんらかの強力な影響力を行使する必要があるでしょう。たとえば，その会社に大口の融資をしている銀行から取締役が派遣される，その会社から大量の製品を買い付けている問屋から取締役が派遣される，というような場合を想定して下さい。派遣された社外取締役は，もし社内取締役がいうことをきかないならば，「ふーん，それじゃ，融資の回収にかかろうかな……」とか，「ふーん，それじゃ，こんどの買入れやめようかな……」と脅すことができます。社内取締役はたまりません。白旗を掲げるしかありませんね。でも，このような社外取締役，果たして株主の利益のために動いてくれるのでしょうか。こうした取締役が優先するのは，自分がもといた銀行とか問屋の利益です。ですから，必ずしも株主のためになるとは限らないのです。社外取締役は，社内取締役にプレッシャーをかけることができる利害関係を持ちながらも，それを自らの「利益誘導」だけに利用しない人という難しい

バランスを要求されます。

とても「立派な」社外取締役——人材不足

　そんな資質を備えた人，なかなかいませんよね。社内 vs 社外という対立図式に頑固にこだわると，そもそも社外取締役の人材不足があらわになってしまいます。**Unit 16** で述べたように，日本では昭和 25 年に法律によって取締役会制度が導入されました。でもその時は社外取締役が義務づけられなかったために，結局は社内取締役ばかりから成る序列型取締役会に堕ちてしまったのです。

　そこで遅ればせながら平成 14 年にその点が見直されました。そのときも社外取締役の人材不足が懸念されました。そこで取締役会の中にいくつかの「ワーキング・チーム」を作って重要な仕事を任せ（取締役等の報酬を決める，取締役等の候補者を決める，そして取締役等を十分に「監視」するという 3 チーム），その小チームの「過半数」を社外取締役で埋めるという「名案」がひねり出されたのです。そうすれば，たとえば取締役会が全体としては 20 人から成り立っていても，各小チームを 5 人構成として 3 人の社外取締役を就任させればいいわけですね。しかもチームの決定では社外取締役が主導権を握れますから，経営者支配に陥る危険も低くなります。このシステムを採用した会社を「指名委員会等設置会社」と呼びます。

　この仕組みは比較的大きな株式会社を想定したものでした。中規模の会社でこれをやろうとすると，コストがかさみすぎるおそれが生

じます。そこで平成26年に，もうちょっと簡易な「監査等委員会」というワーキング・チームを法定し，この構図を使いやすくする改正もなされました。

　そしてとうとう令和2年の改正で，大会社（資本金5億円か負債総額200億円超え）に該当する上場会社（あと一つ監査役会既設という条件アリ）では，社外取締役を「置かなければならない」という，会社法史上はじめてその選任を強制する規定ができました！　社外取締役への期待はますます大きくなるばかりです。

 プロ経営者

　ところで最近，日本でもとても面白い現象が見られるようになってきました。「経営の神様」現象です。たとえば，原田泳幸氏，もともとはiPhone・iPadで有名な日本のアップル社の社長でした。ところが，マクドナルドからヘッドハンティングされ辣腕をふるい，その後さらにベネッセの社長に……。京セラの創業者にしてauで有名なKDDI社の立役者である稲盛和夫氏は，日本航空の再建のためにヘッドハンティングされました。コンビニのローソンの会長だった新浪剛史氏，サントリーから請われて同社社長に……。あれっ，この人たちは「社外」からやってきましたが，「社内」の業務執行の先頭に立たされました。この人たちには，会社の「たたき上げ」というような垣根はないに等しいようです。取締役会の活性化のためには，なにも社内・社外の「対立」を煽ることに拘泥する必要はありません。社外取締役が不足する日本では，そこにこの人たちみたいな「プロ経営者の流動化」なども取り入れ，柔軟に対応していく必要があるようです。

Unit 18 　儲けるにもルールあり
——経営判断と善管注意義務

1　経営を「引き受ける」ということ

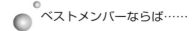
ベストメンバーならば……

　Unit 17 で述べた経営者による独裁，聞くからに怖そうな現象
ですね。経営者支配は，取締役会がまったくの形骸に堕ちてしま
うことから生じる最大の危機でした。

　それでは，社外取締役の導入によって取締役会を活性化しさえ
すれば，株主の利益は絶対に保障されるのでしょうか。ここで，
Unit 16 で述べたことまで遡ってみましょう。そもそも取締役会
を設ける意図は，業務執行の「チェック」を万全にするためでし
た。何度も繰り返すようで恐縮ですが，カラダを持つ株主は経営
の素人集団ですから，儲けるためにどんなことに手をつけたらい
いのかさえわかりません。そこで，儲かる行動の着想，企画，チ
ェック，そして実現までの一切の過程を取締役会に委ねたのです。
この取締役会をドリームチームにしてしまいましょう。考え得る
ベストの布陣にすれば，これで勝てないはずはない！　でも，ほ
んとにそうでしょうか？

　ラグビーの 2019 年ワールドカップ，日本はプール A の全勝で
予選リーグを突破したものの，決勝トーナメントで敗退してしま
いました。とても残念でしたね。コーチ陣は超一流の理論に精通
していましたし，なによりも選手たちは超一流の技術を持ってい

ました。それでも負けてしまうことはあるのです。いろんな「解
説者」が，「あのとき，ああすればよかった」などと好き勝手に
のたまっています。でも，国民は知っています。彼らはがんばっ
た！　ああ，感動をありがとう！

● 儲けるために「がんばる」

　すみません，ちょっと興奮してしまいました……。さてここで
確認しておきたいのですが，この日本チームのコーチ陣そして選
手達が引き受けたことは「絶対に勝つこと」ではありません。正
確にいうと「勝つために最大限努力すること」なのです。実は，
株式会社の取締役についても，同じように考えることができます。

　まず，そもそも儲けるというコトは様々な方法によって実現で
きます。絶対にこうやらなければいけないという，たった1つの
「正解」が導かれるものではありません。つまり，「儲ける」とい
うことの意味自体，茫漠とした「1つの方向性」を示すものにす
ぎません。「大学に行って講義に出席する」というような特定の
行為とはかなり意味合いが異なります。

　しかもさらに重要なのは，そもそも世の中には「絶対に儲かる
行為」が存在しないことです。どんな行為にもリスク（危険）と
リターン（利益）が混在しており，利益が大きいと期待されるこ
とは比例して危険も大きいのが常です（ハイリスク・ハイリター
ン）。うまくいけばもとでが1.5倍に増殖するけど，失敗する確
率は60％の「ヒヤヒヤ路線」と，5％の利益しか出ないけど，
失敗の確率も僅か5％の「着実路線」，みなさんならどちらを取
りますか？　悩ましいですね。

　経営のプロとはいえ，取締役は神様ではありません。経営を任

せる側の株主だって，ほんとはそのことを知っています。ですから，株主が取締役に委託するのは，「儲けるために最大限努力してね」なのです。がんばっても，ダメなことだってあるのです……。

 手段債務

　たとえば大工さんが，1カ月以内に設計図どおりの家を建築することを請け負ったとしましょう。この場合，1カ月後に設計図どおりの家が完成していればいいのです。最初の10日間この大工さんが飲んだくれていると，任せた方はヤキモキします。それでも，11日目から見違えるように働き出し，1カ月後にちゃんと家が建てばなにも問題はありません（大工さんは「結果債務」を引き受けたからです）。それに対して株式会社の取締役については，決算期に年度初めに予定した利益が上がっていなかったとしても，任されたことを「ちゃんとやらなかった」と即断することはできません。儲けるための努力をしたにもかかわらず，損失が生じたのかもしれないからです。法律の難しい用語を使うと，取締役が引き受けたこと（株主が任せたこと）を「手段債務」といいます。

2　「儲ける」路線からの逸脱

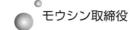
モウシン取締役

　でも，ラグビーと違い株式会社の場合には，株主は「感動をありがとう！」で済ませることはできません。なにしろ自分の出したもとでの増殖がかかっているのです。とても儲かりそうにない行為ばかりに妄信的に猛進する取締役に対して，株主は「ちょっ

と待ってよ！」と言いたくなるでしょう。

　たとえば，売上げの落ちた会社では，業績を立て直すために取締役がリスクの大きな取引に手を出して失敗し，その損失を埋め合わせるためにさらにリスキーな行動に走っていく……，という奈落の底へのループが起こりがちです。そんなとき取締役は，典型的なモウシン取締役に堕ちてしまいます。この取締役，「オレは経営のプロなんだよ。そのオレがアタマとして儲かると判断したんだよ。素人のくせにカラダの持ち主は文句言うな！」と言い張るでしょう。先に述べたような取締役の任務の特殊性からいうと，確かに一理あるようにも聞こえますね。でも……。株主の利益はどうなっちゃうの？　このようなモウシン取締役の経営が「任せたことから逸脱している」と判定するためにはどうしたらいいのでしょうか。

● 取締役は「善良なる管理者」

　もともと法律というものは，いろいろなモウシンを防ぐための設計図を画くことはとても得意です。ブレーキをかけずに飛び出しそうな交差点には必ず一時停止の標識がありますし，アクセルを吹かしたくなる道路には必ず速度制限があります。これらは，人々の行動の「規範」となります。これと同じように，モウシンしがちな取締役にも，法律によって「止まれ」を示すことができれば……。

　この止まれ標識のような行動規範，株式会社の取締役の場合にはどこから引っ張り出してくればいいのでしょうか。実はちょうどうまい法律規定がありました。出発点は，また

また所有と経営の分離です。遊休資本を出した株主は経営の能力を持たないため，必然的に経営の専門家に会社の業務執行を任せなければなりませんでした。ここにいう「任せる」を法律的な枠に当てはめると，「委任」という契約関係になります。この委任は民法という法律に規定されていて，モノゴトを任された方，つまり「受任者」は「委任の本旨に従い，善良な管理者の注意をもって，委任事務を処理する義務を負う」ことになっています（民法644条）。この規定，法律の世界ではかなり有名な条文でして，「委任」といえば「善良なる管理者の注意義務（略して「善管注意義務」）」が出てこないと法学部の定期試験には受かりません。

　会社法はとてもちゃっかりしています。取締役だって「受任者」の一種なんだから，民法のこの義務をそのまま応用してしまおうと考えました。そのため会社法の中で，取締役の最も基本的な行動規範を定める条文には「民法見てね」と書いてあるだけです。そしてこの善管注意義務に「一時停止」の標識としての役割を担わせようとしました。

　ところが，ことはそう簡単ではなく，モウシンの阻止は一筋縄ではいきませんでした。

3　ビジネス・ジャッジメント・ルール
　（経営判断の原則）

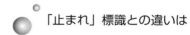

「止まれ」標識との違いは

　1で述べたように，株主から取締役への依頼は「儲けるために最大限努力してね」でした。もう1度確認しておくと，その実現は，①「儲かる」という目的に到達するための道は1つだけで

はない，②たとえ儲けるために努力をしても利益が上がるとは限らない，という2つの要因から難しくなってしまいました。

　実は，道路の一時停止や速度制限標識については①や②のような問題は絶対に生じません。自動車を停止させ速度を抑えるにはブレーキを踏む以外に方法はありません。しかもブレーキを踏んでいるのに速度が落ちないということはあり得ません。ですからこれらに違反したとき，「いやー，いろいろな方法で努力したんですが，どうしても止まれなくて……」なんて言い訳は通じないわけです。道路の「止まれ」標示のように，たった1つのコトを「守れたか守れなかったか」という白黒がはっきりする場合は法律的にはとてもスッキリした処理ができます。

　ところがこれに対して，①と②の性質のために，取締役の場合は「いやー，こういうことやれば儲かると思ったんだけどなぁー……」という「言い訳」がまかり通ることになります。いえ，それどころか，株式会社の場合，取締役に①と②による言い訳を「保証」しておかないと大変なことになってしまいます。

そんな理不尽な……

　もしも，「止まらなかったじゃない！」と同様に，「儲からなかったじゃない！」という結果だけから善管注意義務違反を認定されてしまうなら，取締役はなにも始めることができません。

　たとえば前に見た「1.5倍になるけど失敗する確率は60%のヒヤヒヤ路線」にあえて挑戦した取締役，結果が悪く出ると，必ず「あーあ，だから着実路線いっとけばよかったんだよ。責任とれよな！」と言われます。でも，「5%の利益しか出ないけど失敗の確率も僅か5%の着実路線」をとればとったで，「あーあ，な

んでもっと儲かるチャンス逃しちゃったんだよ。責任とれよな！」と非難されます。ラグビーの「解説者」と同じように，結果がわかってから非難するのは簡単です。だってそれは，後出しジャンケンなのですから。

　株式会社の取締役の場合は，単に批判されるだけにはとどまりません。もし逸脱した経営をすれば，株主に対して「責任」をとらなければならないのです。カラダの持ち主である株主に「ごめんね」といって「損害賠償金」を支払わなければならないのです。それは切実ですね。上のように，結局なにをやっても後出しジャンケンで文句言われてその責任をとらなければならないとすれば，取締役は亀のように固まってしまいます。だって，なにもやらないに越したことはありませんから。そうなると，世の中の株式会社は「まったく動かない」という超消極経営に陥ってしまいます。

　いえ，それどころか，そんなキュウキュウとした縛りの中で取締役をやっているのはアホらしいですから，取締役のなり手さえいなくなってしまうかもしれません。それでは，株式会社の活動が著しく停滞してしまいます。つまり，取締役がリスクをおそれず積極的な経営に乗り出すためには，後出しジャンケンの前に，上の①と②に株主の側が十分に配慮しなければなりません。「儲かると思ったんだけどダメだった……」という取締役の言い訳は，経済活動を活発にするという「大義」のためには，むしろ認めてあげなければならないのです。このことを，「ビジネス・ジャッジメント・ルール＝経営判断の原則」と呼びます。

「規範」違反とペナルティー

　法がただ漫然と行動規範を設定し，ホンキで取り締まる気がないと，誰も規範を守りません。たとえば，自治体が決めた条例でも，あまり実効性がないと感じられるものもありますね。それに対して，一時停止違反は，即，反則キップを切られて「点数とオカネ」で痛い目を見ることになります。このペナルティーがあるからこそ，「規範」は守られるのです！　取締役の場合は，善管注意義務は「株主とのお約束」から生まれたものですから，それへの違反つまり約束破りは，債務不履行になります。約束の相手である株主（正確には株主の総体としての会社自身）に対して，直接ペナルティーを支払います。それが損害賠償義務です。

1つ具体例を

　ところがこの経営判断の原則，いったん容認してしまうと，こんどは逆に，取締役にとても強力な鎧を着せてやることになりかねません。ちょっと複雑になってきましたから，具体例を挙げて，順を追って整理してみましょう。

　ある国内航空会社は，国際路線に進出するのがかねてからの宿願でした。国内路線の収益が安定してきたので，とりあえず成田→ロサンゼルスの定期便を始めるために最新鋭の大型旅客機2機をヨーロッパの航空機メーカーから400億円で購入することを決め，頭金80億円を支払いました。ところがその直後から燃料費が高騰し，さらに国内線に新規参入してきた格安航空会社にお客を奪われ，予定したような収益を上げることができなくなってしまいました。そのため，新鋭機の購入をキャンセルしたところ，

頭金が返却されないどころか，メーカーからはさらに 120 億円の違約金の支払を求められてしまいました。

この航空会社の株主なら，「おい，飛行機を 1 機も手に入れられない上に，会社のお金 200 億円も無駄払いするのかよ！」と怒りたくなるでしょう。そこで取締役の善管注意義務違反を追及することにしました。もしこの違反が認められると，違反した取締役は会社のお金を無駄遣いしたことに「損害賠償責任」を負うことになります。つまり自腹を切ってその会社のお金 200 億円を回復させなければならないのです。ですから取締役にとってはとても痛いことになります。

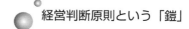
経営判断原則という「鎧」

ところが，この追及を受けた取締役，「だってー，国際線でバリバリ儲けるカッコいい経営路線を想像してたんだもん。旅客機の購入契約の時点では代金支払ができると思ったもん。そのあと状況悪くなるなんて予想できなかったんだもん」と反論します。これについて，「燃料費の高騰や国内線の競争の熾烈化を読み込んでなかったのかよ」と突っ込みたくなるかもしれません。でもこれは，ラグビーで，「なんであの時点でスクラムを選ばなかったんだよ。疲れのでていたオオツカはキックに失敗するの見えてたでしょ……」と言うのと同じです。しょせんは，「あとから目線」で「上から目線」の批判にすぎません。株式会社の経営についてこうした「タラレバ論」を封じたのがビジネス・ジャッジメント・ルールです。だったら，上のような航空会社の取締役が「経営を決定する時点」で，「絶対的に善管注意義務に違反してい

た」と断定するのは至難のわざです。

　確かに株式会社の取締役には，法律によって「善管注意義務」という行動規範が定められましたから，理論的にはモウシン取締役の暴走経営を抑えることはできるはずです。ところが，ビジネス・ジャッジメント・ルールの存在によって，どこまでが合理的な経営でどこからが暴走経営になるのかを決めることがとても難しくなってしまいました。そのため，取締役はよほど悪辣かつ非常識な経営をしない限り，善管注意義務「違反」を問われることがないという点に注意しておかなければなりません。

内容よりも形式

　取締役の経営決定の「内容」については，上に述べたようにビジネス・ジャッジメント・ルールのせいでそれが「合理的」かどうかの判断がとても難しくなっています。みなさんは，だったら株主は訴訟したらいいじゃない，裁判官ならその判断できるでしょと思われるかもしれません。ところが，株式会社の経営を考えるとき，裁判官はその道の英才教育を受けてきたわけではありませんし，経営者として成功しているわけでもありません。会社経営というとても繊細でシビアな「行動」については，取締役のとった過程を検証できる裁判官などこの世にはいません。「経営の神様」にご降臨願わない限り内容の合理性は判断不能ということです。そこで，経営決定の「形式」に目を転じてみましょう。たとえば，本文の例で言えば，国際線進出の計画から航空機購入の具体的決定までが取締役会で十分に論議されていなかった（「慎重性」の欠陥），国交省の役人に贈賄して国際線枠を獲得しており，飛行機を購入してもそれが取り消されるおそれが強かった（「適法性」の欠陥）など，経営の「形式的要素」に善管注意義務違反がある場合には，取締役の責任を比較的追及しやすくなります。

Unit 19 一途にけなげに会社のために——忠実義務

1 ヨコシマ取締役の「陰謀」

経営者支配の究極の目的

　Unit 18 で述べたように，取締役は自らの経営判断を妄信（猛進）するとモウシン取締役に堕するおそれがあります。株主の利益をはかるためにはそうした経営の「暴走」を防ぐ必要があります。そのため，善管注意義務という行動規範が設定されました（万全の備えというにはちょっと心許ないかもしれませんが……）。

　ところがこの取締役のモウシンによる暴走とは別に，取締役の「よくない行動」にはもう１つとても強く懸念される種類のものがあります。取締役が邪（よこしま）な気持ちから，会社の利益を犠牲にして自分の利益を図ろうと「陰謀」を画する場面です。もともと経営者支配は，所有と経営の分離をちゃっかり利用して株主を欺き，さらに取締役会の監視・監督の体制をすり抜けて達成されます（**Unit 17**）。代表取締役たちは，なんでそうまでして「独裁帝国」を作りたがるのでしょうか。世界のどこの独裁者も，多くは不正な蓄財をしていますよね。株式会社の場合も基本的にはこれと同じです。会社を支配する「経営陣」は，「役得」をフル活用して自分に利益誘導しようとします。ですから，株式会社の仕組みの上でも，ヨコシマ取締役の「陰謀」こそ，もっとも高いレベルで警戒しなければならない危険なのです。

滅私奉公の騎士道精神

　会社法はこの陰謀に対しても備えを設けています。経営者支配を確立したヨコシマ取締役と真っ正面から斬り結ぼうとしているのが，「忠実義務」という行動規範です。「取締役は会社のために忠実にその職務を行わなければならない」（会社法355条）という，一見するとアタリマエのようなことがアタリマエのように定められているので，法文的にはあまり派手ではありません。しかし，この「忠実」という語，ほんとはとても強烈な意味を持っています。

　この規定はそもそも英米法の影響が強かった昭和25年の改正のときに盛り込まれたのですが，忠実の原語は「loyalty」です。このロイヤルティー，本来は「忠誠」という意味なんですね。これは，アーサー王と円卓の騎士物語のように，英国騎士が王様に忠誠を誓うときに使われる言葉です。イギリスでは古くからこの騎士道精神にのっとった「忠実性」が尊ばれてきました。でも，日本だって負けていません。武士道とは死ぬことと見つけたり……。そう，有名な「葉隠（はがくれ）」の一節です。主君のためには死をもいとわないというサムライの忠誠心，結構イギリスと共通しています。

　取締役の忠実義務もまた，基本的にはそれと同様に理解して下さい。まあ，「死ぬことと見つけたり」とまで自己犠牲を強いる必要はありませんが，少なくとも取締役は，「ご主人さま（株主）の利益と下僕である自分の利益が対立して，どちらにしようか迷ったと

きには，もちろん無条件にご主人様の利益を確保いたします」という約束をしているものとみなされます。逆に見ると，そもそも忠実義務とは，自分の利益のために行動すると絶対にご主人様に迷惑がかかるという場面を想定した義務だとも言えます。

善管注意義務との相違

Unit 18 で見た善管注意義務は，会社という財産の「使い方マニュアル」です。儲けるためにそれぞれの会社をどう動かしていけばいいかは，各会社ごと，各取締役ごとに千差万別でしょう。ですから，善管注意義務に従って取締役が「やるべきこと」は，それぞれの会社ごとに，それぞれの状況によって，それぞれの取締役の置かれた立場に応じて異なります。ある会社の（ある取締役の）ためのマニュアルを，別の会社に（別の取締役に）流用することはできません（トヨタの財務担当取締役のマニュアルは，サッポロビールの営業担当取締役にはほとんど役立ちません）。ですから，行動規範とはいっても，法律ですべての会社のすべての取締役に共通する具体的使い方マニュアルを規定することなど，絶対に不可能です。その上，取締役の引き受けるのが手段債務であり，しかもそこにビジネス・ジャッジメント・ルールが適用されるので，このマニュアルはかなり「抽象的」な（株主から見れば，あまりにルーズな！）ものになってしまいます。

それに対して上に見たように，忠実義務は，株式会社の取締役というものが行動の前提に置くべき「倫理マニュアル」です。「そもそも取締役たる者は……」という，大上段に振りかぶったマニュアルなのです。そうすると，個々の会社の個々の取締役が行動しようとする「前」の段階で，これをよーく言い聞かせてお

かなければなりません。取締役が「ご主人様」である会社（＝株主全体）をないがしろにして「役得」を貪ろうとするときにやることは，世の中のすべての株式会社，すべての取締役に共通しています。メーカーだろうと，サービス業だろうと，流通業だろうと，ヨコシマ取締役の行動パターンはすべて同じです（さしあたり会社法が予想しているパターンは，2以降で詳述します）。つまり，取締役の倫理に反する行動は，あらかじめ具体的な行動類型として予想がついているのです。

　こうしたわけで，忠実義務には善管注意義務のような抽象性（ルーズさ）はありません。

2　会社法が想定する忠実義務違反のパターン

パターン①──利益相反

Unit5 で述べたように，ひきこもりの株式会社というものは絶対にあり得ません。株式会社は，どこかの誰かと「取引」をしないと，決して利益を上げることができないからです。そのため，取締役はヨコシマな気持ちを起こすと，必ず最初に会社の取引を私物化し，会社（株主）の利益を犠牲にして自分の役得を実現しようとします。つまり，取締役が会社を誘導し（経営者支配を使えば簡単です！），「自分」との間で有利な取引をするのです。

　たとえば自動車メーカーの取締役が，自分が経営に携わっている会社から，本来の市販価格が 300 万円なのに 100 万円で車を購入したり，逆に，中古車販売会社の取締役が，自分が乗り飽きたポンコツ車を，本来の買い取り価格が 15 万円なのに 50 万円で会社に高く買い取らせる場合などがこれにあたります。これらの会

社は本来なら自動車を「高く」売ったり，「安く」仕入れることによって儲けています。ですから取締役がこんなズルい「取引」をしたなら，会社が得るはずのお金が入らなかったり，払わなくていいはずのお金が出ていったり（それぞれ200万円と35万円）します。そしてその分，取締役がちゃっかり得しています。

　このように「どちらかがトクをすれば，その相手は必ずその分ソンをする」という関係を「利益相反」と呼びます。モノの売り手と買い手の関係は，その代表的な例ですね。取締役は滅私奉公を強いられますから，絶対に会社にトクをさせなければいけません（といっても，市場価格より高く買え，安く売れではありません。適正な市場価格というものは，もともと会社がちょっとトクをするように設定されていますから，この値段で取引すればよいのです）。

実際には

　もっとも，上の例はあまりに露骨ですね。自分で安く買った高級車を取締役が堂々と乗り回していると，きっとどこかの駐車場で，いつの間にかボコボコにされてしまいますよ。高い車を高い値段のまま買った世の中の人々の恨みは，とても大きいのです。

　現実の社会では，直接自分に安く売るというよりは，誰かのために取締役がその人の代理人になって会社と取引するという場面の方が多く見られます。まず，奥さんや弟の代理人として会社から高級車を安く買う場合は，やっぱり「ズルさ」が際立ちます。どの独裁国家でも，必ず独裁者の「一族」や「係累」が繁栄しますよね。さらに，取締役が実質的にオーナーである会社と取引するときも同じです。A社の取締役・大塚英明が，本人ではなく，自分が100％の株式を持っている大塚商事株式会社の代表取締役

として，A社から安くモノを買うというときです。でもこれって，カモフラージュでしょ。大塚英明のヨコシマさは，まったく衰えていません。

　もうちょっと巧妙になると，会社の取引相手として取締役が本人としてはもちろんのこと代理人としてさえ登場しない場合があります。たとえば，取締役・大塚英明は，遊びが過ぎて，ある銀行から5000万円借金しています。A株式会社は，大塚主導の下，その銀行に対して，「ああ，大塚英明の借金，うちの会社でもつから」と言います。その借金を全額会社に付け替えちゃったり（債務引受け），会社が保証人になったり……。確かにA社は大塚英明当人とは「取引」していません（「取引」の相手はあくまで銀行です！）。でも，大塚のヨコシマさは一目瞭然！　このように，取締役本人とは別の相手と取引するときでも，会社は取締役にムシられるおそれがあるのです。

● パターン②──競業行為

　次に，取締役は「競業行為」によって自らの役得を図ろうとすることがあります。

　たとえば製薬メーカーの取締役が，会社のお金を潤沢に供給することにより研究員による新薬の開発を成功させました。ところが取締役はその新薬の製品情報を携え，自分で新しい製薬メーカーを立ち上げ，代表取締役になったり，あろうことか，ライバル会社から高額の報酬で代表取締役として迎えられたり（俗に「引き抜き」と言われます）……。そうすると，本来は開発した会社だけが享受できるはずの「販売のチャンス」を自分の製薬メーカーに強引に奪うことができます。要するに，不正にお客を取って

しまうのです。これを競業と呼びます。取締役は株式会社の広範囲の活動を仕切っていますから，とくにその業務上の秘密などに精通していることも多いでしょう。それをちゃっかり自分自身のために流用してしまうことは，やはり自己利益誘導ととられても仕方ないでしょうね。

　この競業，条文上は「会社の事業の部類に属する」取引を自分でやってしまうことに限定されています（会社法356条）。しかし，「株式会社のチャンスを奪う」という視点から捉えると，もっと広い範囲に適用されます。たとえば，上の製薬会社の取締役が，会社の従業員保養施設の確保のために，全国様々な地域のよい物件を探しているところだとしましょう。軽井沢にちょうどよい設備・値段の建物を見つけました。そこで会社のために取得手続きを進めていましたが，途中でふと気が変わって，自分と家族のための別荘にしようと思い立ちました。そこで，自分の名義で代金を支払い，自分名義の登記まで終えてしまいました。このとき，取締役は会社の金を着服して支払を済ませたわけではありません。あくまで自腹を切っています。しかもこの行為，製薬事業とはまったく無関係です。だとすれば，厳密な意味では「競業」となって「客を奪う」ものではありません。ところが，広い意味での「会社のチャンス」そのものを自分の利益のために「奪う」こととみなされ，やはり自己利益誘導の一種だと考えられています。

3　禁止しちゃえば？

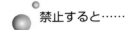
禁止すると……

　取締役自身の利益と会社の利益が相反する場面でヨコシマ取締役の陰謀がパターン化されているなら，そのパターン，すべて禁止したらどうでしょう。その方が手っ取り早いですね。利益相反取引を禁止された取締役（やその一族）は，絶対に会社の製品を購入できなくなります。仮にそうだと，トヨタの取締役は，プライベートではホンダ車に乗り，しかも家族もみんな日産車やベンツに乗らなければならないことになっちゃいます。

　でもそうすると，周りの人は，「トヨタの取締役一族がトヨタ車に乗らないのだから，なんか欠陥があるんだろう」とあらぬ疑いをかけて，みんなトヨタ車を買わなくなってしまいます……。それは困りますね。自分の経営する会社の製品に自信があるのだったら，率先して購入することこそ経営者の本来のあり方だと思いませんか。

　競業の場合も必ずしも絶対禁止がよいとは限りません。日本では，いくつもの株式会社が１つの「系列」に属する企業群として，グループ化しているのが常です。グループ全体をグイグイ主導している強力なＡ株式会社が，同グループ内の「お荷物」Ｂ株式会社にＡ社取締役の１人である敏腕・大塚クンを派遣して，その経営の建て直しを図ろうとしています。大塚クンは，Ｂ社代表取締役として采配をとります。もちろん大塚クンは，これまで長年働いてきたＡ社のことをスミズミまで熟知しています。しかも，そのようなＡ社の情報や秘密を駆使しながら，Ｂ社の「合

理化」を進めるでしょう。しかしそ
んなとき，A社の株主さんたちは，
「大塚のヤツ，俺たちの会社（A社）
の利益（機会）を奪いやがって
……」と恨むでしょうか？　いえい

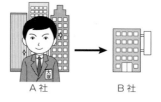

え，それどころか，「大変だけど，大塚クン，がんばってB社業
績を好転させてね」と応援したくなるでしょう。グループ全体の
利益向上は，A社の配当や株価上昇につながるからです。あれ
っ，大塚クン，こんな場合にはちっともヨコシマではありません
ね！

ハムレット取締役

　もっとも，上に述べたような「取締役の派遣」の事例，とて
も難しい利益相反を生じさせることがあります。A社の取締
役・大塚クンが，B社の代表取締役としてA社にモノを売る
という「合理策」が必須になったとしましょう。たとえばB
社はスマホ向け小型液晶について重要な特許権を持っています
が，ヨロヨロになった工場ではそれを活かして製品を大量生産
することができません。ボロボロにすたれた販売代理店網では，
製品を売り込むこともできません。いっそのこと，グループ内
の実力者であるA社に特許ごと工場や販売網も引き取っても
らおう……。スッキリしてから売却代金でB社の建て直しを
充実させるのです。
　しかしこのとき，大塚クンはまさにハムレットの悲哀を味わ
うことになります。B社の代表取締役としては，もちろんなる
だけ「高く」売りつけることが最大限のご奉仕です。でも大塚
クンは長年恩義があるA社の取締役でもありますから，その
立場としては「安く」買いたい（そうしないと，A社に戻れな

いかも）……。「競業」の問題としては，Ａ社の株主の利益を考慮すればよかったのですが，「利益相反取引」という視角から見ると，こんどはＢ社の株主から，「おい，大塚！　お前，ウチの取締役のくせにＡ社に安く売っちゃうのかよ！　ヨコシマなヤツだな……」と詰め寄られるおそれが出てくるのです。

ああ，どうしよう……，この股裂き状態。

堂々と！

忠実義務は，会社の「利益」を犠牲にして取締役が役得を図る場面で効果を発揮します。つまり，利益を横取りさえされなければ，「会社が儲かる」はずだったのです。だったら，そのような機会を見逃す手はありません。ちゃんと会社に利益が帰属するように補正すればいいだけです。

そのために会社法は，競業や利益相反取引のパターンに含まれる行為を行おうとする取締役が，株主総会または取締役会に事前に「情報開示」を行ってそれらの承認を受けなければならないという，条件付きゴーサインを出しました。ちゃんと会社の利益を確保している，あるいは一見したところ会社の利益が犠牲になっているようだが，実はそれに見合う積極的な展望がある等，情報を堂々と示すことができる取締役ならば，なんら後ろめたいことはありません。形式的にパターンに該当する行為でも，実質的には「会社のために」これを行うこともできるのです。

報酬決定と取締役会の信用度

　もう１つ，典型的な利益相反のパターンとされるのは，取締役の報酬決定です。これは最もわかりやすい自己利益誘導です。つまり，取締役が自分の報酬を会社経営者として自分で決めるのです。経営者支配の及んだ株式会社では，「自分で自分を褒めてあげたい」取締役ばかりですから，おのずと報酬額が高くなります。これを俗に「お手盛り」と呼びます。これについては，取締役による自分の「報酬決定のための情報」を株主総会で承認するなどというまどろっこしい手続きを踏まず，直接に報酬を株主総会で決めればよいことです（報酬は頻繁に変えるものでもありませんから，株主総会を開催してもそれほど手間ではありません）。そこで，株主総会の「承認」を要する競業と利益相反取引のパターンとは別に，株主総会の決議で決めるパターンとして別に規定が設けられています。そして注目すべきは，報酬は取締役会設置会社でも取締役会にその決定権限を移すことができない点です。報酬決定のように極度に自己利益誘導を起こしやすいパターンについては，はっきり言って，会社法は通常の取締役会をまったく信用していないわけですね。

　ところが，指名委員会等設置会社では，取締役会の中の「報酬委員会」が取締役等の報酬を決定することができます（株主の承認は一切不要です）。つまり，社外取締役の主導権が保障されている取締役会は，ようやく会社法に信用してもらえたわけです。この扱いの相違にも，通常の取締役会と社外取締役の主導する取締役会の信用度の違いが明確に現れていますね。

Unit 20 株式会社の「全身健康管理」
——内部統制

1 末端のテアシの不始末

従業員による不祥事

「××商事株式会社で，経理を担当してきた大塚英子が，過去10年の間に架空の取引を手形で支払うように装い，計5億円を会社の口座から引き出し，ホストクラブの支払や自身のローン返済などに充てていました」というようなニュースがときどき流れます。このような横領事件を聞いたとき，「あの5億円，会社はどうするんだろ？」と疑問に思ったことはありませんか。

もちろん大塚英子が死ぬまでかかって弁償するのは筋でしょうが，少なくとも当面のところは刑務所で暮らさなければなりませんから，あまり期待できないでしょう。よく考えるとちょっと不思議ですが，会社法は，会社に生じた「損害」について，**Unit 18** と **Unit 19** で見たような取締役の義務とその違反による賠償責任しか用意していないのです。

本書では，所有と経営の分離を前提とする株式会社を念頭に置いて説明を進めてきました。経営の世界には精通していない「大衆株主」から広く資金を集めるほどですから，そうした会社は，えてして大規模な会社であることが多いでしょう。大規模に事業展開している会社は，当然に大勢の使用人を抱えています。**Unit 5** でも述べたように株式会社が「動く」とき代理権がカギと

なります。脳細胞である取締役が代理（代表）権を持つと実際の「動き」がスムーズになると説明しましたが，この代理権は別に「代表取締役」だけの独占的権限ではありません。株式会社の使用人は，多かれ少なかれ会社から「代理権」を付与されています。この代理権には，「会社のお金を自分の判断で使っていいよ」という権限が含まれることもあります。上の大塚英子は，会社の名前で手形を振り出す権限を与えられていましたから，まんまと横領に成功したのです。

 現実にも

あれっ？　だとすれば，会社法上，会社の使用人が会社に巨額の損害を出す危険性だって想定しておくべきではありませんか。今の世の中，多くの領域で専門的知識が求められるようになりました。株式会社の特定のポジションに長く就いている使用人は，経験上そうした専門性を身につけることも多いようです。しかもその領域で迅速な決済が必要とされると，担当している使用人から会社のアタマである取締役会に復命してその指示を待つなどという手順さえ煩わしいことがあります（そもそも取締役よりも担当者の方が知識が豊富なこともあります！）。そうすると，その担当使用人にその特殊領域の取引全般についての最終決裁権を与えてしまう方が便利になります（55頁参照）。

横領のような悪辣な事件でないにしても，リアルの世界では，金融機関がグローバルに各国の国債等の取引を行うとき（1995年に発覚した大和銀行事件），あるいは商社が大量の銅や亜鉛の取引をするとき（1996年の住友商事銅地金事件）などに，使用人のせいで会社に大損害が発生したことがあります。これら，めまぐる

しく相場が変動する特殊商品の市場では，その専門的取引に精通している使用人が1回ソンを出すと，それを取り戻そうとしてかえって深みにはまっていく……，というドラマ的展開になるのが常です。取引が巨額なだけに，上の大和銀行事件では11億ドル，住友商事事件では18億ドル（当初発表）ものお金が会社から消えてしまいました。

　でもこれらを行った担当使用人は取締役ではありません。しかも取締役会にいちいち「復命」されてはいませんでしたから，会社のアタマは，これらの取引に直接関与していたわけでもありません。会社法が用意していなかった「使用人の不始末による会社損失」には，どのような対処が求められるのでしょうか。

2　誰の責任か？

株主の自業自得？

　まず最初に，これまでの復習を兼ねて，このような場合に株主は「被害者」なのかどうかを考えてみましょう。

　「株式会社は株主のモノ」です。ですから，末端のテアシである使用人がカラダに損害を与えても自業自得です……，か？　もしみなさんが足を踏み外して土手を転げ落ち肋骨を数本折ってしまっても，誰を責めることもできません。自分のせいですね。株主はカラダを所有するわけですから，これと同じだとする見方が成り立ちそうです。しかし，株主は大塚英子の採用面接に立ち会って採用を決定したわけではありませんし，まして，経理の権限を直接与えてもいません。すでに何度も述べてきたように，株式会社という仕組みは，集積したお金の「動かし方」がわからない

株主を前提としています。株主にとっては「えっ，いつの間に会社のお金なくなっちゃったの？」という感覚を持つのが当然でしょう。

　これが，アタマの取締役（会）の場合だったら，株主に対する「責任」は **Unit 18** および **Unit 19** で見たように簡単に導き出せました。もっと基本に戻れば，「所有と経営の分離」です（**Unit 3**）。いくらカラダを所有しているからとはいえ，株主は取締役の義務違反による会社損失について「自分のせいだ……」と落ち込むべきではありません。むしろ，モウシン雇われシェフやヨコシマ雇われシェフのせいで被害を被ったかわいそうな持ち主という立場に置かれます。

 取締役「自身」の責任と脳細胞としての責任

　Unit 18 と **Unit 19** で見た取締役の善良なる管理者の注意義務と忠実義務は，第一義的には，こうしたモウシン取締役とヨコシマ取締役の「当人」を縛るための義務です。つまり，取締役自身の暴走や陰謀によって会社が損害を被った場合には，「その」取締役自身に義務違反を問う（つまり損害賠償を請求する）ことができます。

　もっとも，**Unit 16** で述べた取締役会内での業務監査を「義務」と見ると，取締役の責任は拡張します。つまり，各取締役は脳細胞として他の取締役の行動をチェック「しなければならない」のです。これを怠ると，自分でモウシン行為・ヨコシマ行為をやったわけではなくても，「他の取締役のモウシン・ヨコシマを見逃してしまった」という善管注意義務違反に問われることになります。これが，第二義的な監視義務違反責任です。取締役は取締役会の構成員として（脳細胞の1つとして）取締役会の決定（アタマの決定）に責任を持っているのです。

手が勝手にやっちゃった？

　それではテアシである使用人の場合，「誰のせい」なのでしょうか。当の大塚英子はもちろん，彼女を採用した担当者やその直属の上司に対しては非難ごうごうです。なんでお前ら，テアシのくせにちゃんとカラダのために動かないんだよ！

　ただここで，アタマとテアシの区別を強調しすぎると，とてもややこしいことになります。**Unit5** で述べたとおり，もともと「法人」という技術はカラダを擬制することにすぎませんでしたから，アタマもテアシも実はそれぞれ人間サマです。人間ですから，法人のテアシは勝手に動くこともあるんです！　えっ？　スーパーで，「万引きをしたのはボクの右手です。だからボクのアタマは悪くないんです！」と叫んだら，警察の前に病院に連れて行かれてしまうでしょう。ところが，法人のアタマは，「横領をしたのは法人の右手だから，俺たちアタマはなにも悪くないんだよね」という理屈をこねることも可能になってしまいます。

　それはちょっと……。だって，株主がアタマである取締役（会）に任せたのは「経営」でしょ。経営というのは，カラダ全体の正常な動きを確実にし，ふだんから健康管理をしっかりしておいて，万全の状態で儲けに邁進できるように備えることではありませんか？　ですから，テアシが機能不全を引き起こしたときは，やっぱり「テアシが勝手に……」という言い訳を許してはいけないのではないでしょうか。つまり，テアシである使用人の不祥事による会社損失についてもまた，アタマである取締役（会）の「せい」にするのが筋でしょう。

「上司」としての取締役？

　でも，正論はそうであることがわかっていても，会社法的にテアシの不始末について取締役に責任を押しつけることは容易ではありませんでした。

　大塚英子の横領を取締役のせいにするための最も簡単な方法は，「部下の責任は上司の責任だろ！」という論法をとることでしょう。部下の不始末を一手に背負ってくれる上司。理想の上司像ですね。ところが，ここで思い出していただきたいのが，**Unit 17**です。会社の「使用人」としての上下関係にとらわれる社内取締役は，基本的には取締役会の構成分子，つまり脳細胞として役に立ちません。取締役は自ら会社の使用人としての上下関係から外れ，取締役会で「元の上司」である他の取締役に対してタメでガーガー言えてこそ，アタマの活性化を図ることができます。それどころか，そうしないと経営者支配という，コワーい結末が待っているのでした……。

　ああ，コチらたてれば，アチらたたず。使用人取締役は，「下」の者の監督責任を押しつけようとするときは便利なのですが，「上」の者を牽制しようとするときはダメダメでした。そして，他の取締役に対する「業務監査」を徹底したい指名委員会等設置会社や監査等委員会設置会社（171～172頁）では，取締役になったら会社の使用人のヒエラルキーから強制的に外されてしまいます（会社法331条3項，4項）。会社法的にいえば，やっぱり取締役会でのタメの立場の方が重要視されるのです。

　それからもう1つ。実際問題として，たとえば経理担当取締役は使用人として大塚英子の「上司」に当たるとしても，あまりに

「遠すぎる」のではありませんか。きっと，この取締役は大塚英子なんて末端の「部下」のこと，顔さえも知りませんよ。関係が遠ければ遠いほど，部下を監督する「責任」の程度も薄れてしまうでしょう。それでもどうしても実際の監視監督責任を押しつけたいならば，取締役は常に末端の使用人の1人ひとりまでジッと見張っていなければならないという，およそ実現不可能なことを強制することになります。そんなことをしたら，本末転倒……。取締役さんたち，ほんとにやるべき会社の経営意思決定をやっている暇なんてなくなってしまいます……。

3　内部統制システムの構築

● 全身感知型スーツ

　そこで会社法は，上司・部下とは違う，新しい形での責任の押しつけ方によって，大塚英子の不祥事を，アタマである取締役（会）まで持ち上げることにしました。つまり，株式会社というカラダに「動作不良感知スーツ」という全身タイツを着せます。そうすれば，どこの部位が動作不良を起こしても即時にアタマに知れることとなり，そのスーツを通して迅速な対処もとれるようになります（その場合，この全身スーツは「矯正スーツ」の効果を持つことにもなります）。

　取締役会は，自分たちの会社にぴったりとフィットした完全なスーツを着せなければなりません。サイズがダボダボだったり，背中の部分が破れていたりしては完璧には作動しないのでダメで

す。これを，会社法の用語では，「株式会社の業務……の適正を確保するために必要な……体制の整備」（会社法362条4項6号），一般には「内部統制システムの構築」などといいます。そして最近ちまたでは「コンプライアンス」などと総称されるのもこれを中核にした体制整備であることが多いのです。そして，スーツの作成から装着までをキッチリやらないと，取締役は，「株式会社にフィットしたスーツをしっかりと着せていなかった」という善管注意義務違反を問われることになります。

　なにやら抽象的ですが，具体的にとんでもなく難しいことをやるわけではありません。たとえば，「損失の危険の管理に関する体制」（これ，法律用語です……）としては，前述した相場商品の取引には「必ず3名以上のチームで当たらせ，売買の最終判断者を明確にしておく」とすれば会社損失の危険はかなり低下するでしょう。また，「使用人の職務の執行が法令及び定款に適合することを確保するための体制」（これも……）であれば，大塚英子の手形振出に当たって「必ず課長決裁印を必要とする」としておけばいいでしょう。昨今問題が多い情報管理に関しても，「会社サーバーの特別情報フォルダには権限のある者しかアクセスできない」という技術的設定をしておけば大丈夫です。

責任は実は「おどし」？

　ここでちょっと注意しておきたいことがあります。大塚英子という末端の動作不良による会社損害を取締役の「責任」にまで引っ張り上げることの本当の意味です。

　確かに，大会社の取締役の報酬はかなりの額でしょうから，少なくとも大塚英子よりは「金持ち」でしょう。ですから損害賠償

責任を負わせるのも，大塚英子よりは取締役の方がいいに決まっています。でも，11億ドルとか18億ドルとかの損害になったとき，いかに取締役だって，おいそれと賠償することはできません。巨額損失を前にしては，「取締役の方が賠償のための財力が高い」といってみても，しょせんはササイなことにすぎません。

　もちろん，取締役が実際に会社に対してオカネで償う（損害を賠償する）ということは，会社に実際に生じた欠損を回復するのに貢献することは確かです。しかし，それよりむしろ，取締役に責任を問うことで，「そのような賠償を行うことになると困るでしょ！」という「おどし」をかける効果が生じます。取締役は「そうなるのはイヤだから，慎重に義務を果たす」となるわけです。取締役の義務違反による責任は，むしろこうした「おどし」効果の方に力点がおかれているのかもしれません。少なくとも上に見た取締役の内部統制システム構築義務は，この事前の予防効果の方を強く狙った措置だといってよいでしょう。

 使用人の不始末だけ？

　実は，この全身感知型スーツ，末端の使用人の動作不良だけではなくて，取締役のサボりもビリビリ感じるようにできています。197頁のコラムで述べましたが，取締役会構成員であるところから，取締役は他の取締役の行動を監視しなければなりません。でも，あまりに取締役「会」にこだわってしまうと，会合が開かれているときにそこに上程された議題についてだけ監視すればいいという誤解を生むことになってしまいます。そうではなくて，ほんとは取締役はいつでも他の取締役の動きを見張っていなければならないはずです。でも，従業員の場合と

同様にそれは現実には困難です。したがってこの感知スーツは，取締役の相互監視義務を徹底するためにも役立ちます。

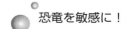

恐竜を敏感に！

　大規模な株式会社は恐竜のようにとても「鈍い」存在です。大きな恐竜は足の先っぽに大岩が落ちても，痛いと感じるまでに何秒もかかるのだそうです。それどころか，多少の痛みはアタマにまで伝達されないこともあります。

　大きくなり過ぎた現代の株式会社も，アタマである取締役会にテアシの不始末が伝達されなかったり，ようやく伝わったときにはすでに後の祭りであったりすることが起きるようになりました。そこで，カラダ全体の「知覚過敏化」による健康管理は，現代の株式会社に絶対に必要な要請となっています。「体制整備」というといかにも厳めしいように聞こえます。でも，株式会社というカラダ全体の健康管理は，アタマである取締役（会）の責任ですよという言い方をすれば，一般的に納得できるのではありませんか。内部統制システムとは，この一般論を法的に理屈づけるための方策なのです。

Part 4

さあ，総仕上げ！
——会社をめぐるバトルの展開

ここまでくれば，みなさんは会社法ダンスの達人です。それではみなさんを，最後のダンスパーティーにご招待しましょう。ここで待っているお相手たちは，ブルースからフォックストロット，ジルバからクイックステップへと，自在にバリエーションを入れてきます。でも大丈夫！　ここまでこなしてきたダンスの経験，1つひとつ思い出して下さい。しっかりとステップを踏めますね。

さあ，観衆をうならせるほどの素敵なダンスを踊って下さい！

Unit 21　出会いと別れ——株式会社のリコンストラクション

Unit 22　会社法の大スペクタクル——敵対的企業買収

Unit 21　出会いと別れ
──株式会社のリコンストラクション

1　合併と会社支配

合　体！

　のっけから難しい一節を……。「経済単位が巨大資本を擁する企業に変化するとともに，それら大企業は相互にますます等価値のものとなり……互いに容易に提携する可能性が与えられる」。これ，ある会社法のレジェンドが唱えられた株式会社の発展についての見識です。みなさん，意味おわかりになりますか？　簡単に翻訳すると，儲ける株式会社が，水中のプランクトンみたいに社会に充満すると，もっと大きな儲けを求めてプランクトン同士がくっついていくよ，ということなんです。なるほど，株式会社というのは，1つひとつが最高の「儲けマシーン」であることはここまでで見てきたとおりです。だったら，それらが「合体」したら際限なく儲かるんじゃないの？　みんなそう思いますね。

　この合体，法律的にはどんな現象として捉えればいいのでしょうか。最も単純な合体方法は，領土併合です。1939 年，ヒットラー率いるナチスドイツは電撃作戦でポーランドに侵攻し，その後ヨーロッパ中に領土を広げました。第二次世界大戦の勃発です。だいたい，戦争というもの自体，こうした領土の併呑を目的として起こることが多いですね。株式会社の場合も，同じように，ある株式会社が別の株式会社を飲み込むことはままあることです。

これとちょっとニュアンスが異なる合体に，オーストリアのアンシュルス（独墺合邦）がありました（世界史で習いますね）。中心的な工業地帯（チェコの地域）が離れていってしまったオーストリアが，不安にかられてナチスドイツと併合したのです。株式会社の場合も，ある株式会社が自発的に別の株式会社と一緒になることがあります。

侵攻型の併合，寄らば大樹の陰的な併合を問わず，2つ以上の株式会社が「領土を一緒にする」ことを株式会社の「合併」といいます。

飲み込んだらお腹壊した……

このような併呑型の合併は，「領土拡張できたんだからトクだろ！」と思われがちです。でも，必ずしもそうとばかりとは限りません。1990年，東ドイツが西ドイツと一緒になったとき，世界はとても心配しました。東ドイツ，経済状態が最悪な状況でしたから……。現在のドイツ，よく持ち直しましたね。

株式会社の場合も同じで，合併をやると両方の会社のすべてがグルグルと混ぜ合わされてしまいます。たとえば吸収される会社の間抜けで怠惰な使用人も，売れない製品を作り続けている不採算工場も，ぜーんぶひっくるめて吸収する会社が面倒を見なきゃならないことになってしまうのですよ。逆の言い方をすれば，吸収する会社はマイナスの側面もみーんな「俺が面倒見たる。どーんとこい！」というスタンスに立たなければ，領土併合なんかできないわけです。

とくに重要なのは，合併の相手である株式会社が，どれだけの会社債務を負担しているかという点です。事業を行う際に借り入

れた資金や，原料を調達したけどまだ払っていない代金を，その会社に対して「おい，耳を揃えて払えよ！」ということができるこわーい債権者は大勢います。この会社債権者は，合併がなかったとしたら，どんどん衰弱していく株式会社を見てハラハラしているに違いありません。「俺の債権，返してもらえるのかな……」。ところが，その株式会社が，財務状態の健全で元気な会社と合併するというのです。領土一体化によって，不毛の畑しかなかった領土に，肥沃な大地で豊作になった土地から作物が大量に流れ込んできます。おお，これで俺の債権も安泰だ！

　このことを逆から，つまり飲み込む側の会社から見ると，「俺たちがいくら作物を増産しても，みーんな疲弊した領土の債権者に持ってかれちゃうよ……」という残念なことになってしまいます。

　ああ，合併なんかしなけりゃよかった……。

重要決断を要する合併

　だからこそ，**Unit6** で触れたように，「合併」は，もはや経営のレベルではなく株主の所有にかかわる決定事項とされるのです。会社法は，合併を「株主にききなさい」の場面に入れ，慎重な多数決を要求します。3分の2の株主（ほんとは株式数）が「いいよ」と言わないと，合併は認められません。ただ，実際にはそんな重要な決議のときでさえ，経営者支配を確立した取締役（会）がグイグイと計画を進めてしまうことが常ですが……。

他の会社を思うがままにするには？

　えー，だったら合併で優位にある（財務状態の良い）会社は，いつも損をすることになってしまいます。実は，この心配から株式会社が合併を控えるようになると，世の中とても困ることがあります。さきほどのオーストリアの例のように，窮地に陥った株式会社が他の会社から合併の申し出があることを待っているときのことを考えて下さい。誰か，助けてくれないかな……。合併にはこのような「救済」機能が備わっていることを忘れてはなりません。でも，待っている会社はえてして真っ赤っかに赤字が膨張している会社であることが多いでしょう。つまりとっても多くの債務が未払いで，会社債権者がこわーい顔をして門前にたむろしている会社です。そんな会社となにもかもグルグルと一緒にされてしまってはたまりません。どこもこの赤字会社を救済してくれなくなってしまいます。あぁ，無情の企業社会。

　しかし，そうはならない良い方法があります。たとえば，国として独立していても，他の大国の「属国」とみなされている国々はたくさんありますよね（他人ごとではありません，日本もアメリカの属国なのかも……）。その場合，大国の意のままに傀儡（かいらい）政権がその国を「統治」するフリをしています。誰も実質的に独立国なんて考えていないのに，形式的には1つの国の体裁を保っているのです。

　ただ，国の場合はどのような条件があると属国と言えるのかどうかははっきりとしていません。それに対して株式会社の場合，とても明確な基準があります。ある株式会社は，別の株式会社が発行した議決権を有する株式の過半数を持つと，その会社を会社

法的に支配できるようになります。だって，**Unit7**で見たように，取締役を選任するのは株主総会です。そこで自分の意思を押し通すことができれば，いつでも自分の思うとおりの「傀儡取締役」を作り出すことができるようになります。したがって，ある会社が他の会社の属国（属株式会社）となって「支配」されるのは，株式の過半数を持たれてしまったときです。このとき，株式を保有して支配する方を「親会社」，支配される方を「子会社」と呼びます。

合併と株式支配の違い

　株式会社の場合には，親会社は子会社の「支配株主」となります。ただ，属国の立場にある会社，すなわち子会社は，株式会社としての独立性を失ったわけではありません。もちろん，支配株主と合併しているわけでもありません。

　このような株式保有による「支配」の図式は，支配しようとする会社にとってはとても都合のよい仕組みです。上述したように合併には「どーんとこい！」という度量が必要でしたね。吸収される会社にはいろいろと悪い要因があるのがふつうです。それも当然に飲み込んであげないと……。

　それに対して，株式による「支配」では，無能な使用人も不採算工場も，所属は支配「されている」子会社です。何度もいいますが，支配されても一応は「独立国」ですからね。なによりも，支配された子会社が膨大な負債を抱えている場合，これを返さなければならないのはあくまで子会社当人（当社？）です。支配株主だからといって，親会社は子会社と「人格」まで同一化されるわけではありませんから。株式を通じて支配している親会社にと

っては，子会社のゴタゴタは，しょせん「他人ごと」なのです。

さあ，この手を使えば，一歩ひいたところから，困っている会社を救済する株式会社が続々と登場するかもしれません。例はあまりよろしくありませんが，溺れている人を海に飛び込んで助けずに，岸壁から浮き輪を投げて助けてあげるようなものです。

揺らぐターゲット会社

具体例を挙げましょう。ある会社（以下，被支配＝ターゲットという意味で，Ｔ社とします）は，集積回路の技術でいくつかの重要な特許権を持っています。ところが経営は必ずしも上手ではなかったようです。せっかく新集積回路を利用したスマホ製造に進出したのですが，いかんせん価格設定が高すぎました。誰も見向きもしない高価な超高性能スマホを大量生産し，売れないまま倉庫に山積みになっています。スマホ事業に進出したときの膨大な借入金は，まるまる未返済のまま残っています。もちろんこのＴ社の株主さんたちは，「あーあ，ババ引いちゃったよなぁ……」と腐っています。

そこに，大手の電気製品会社（以下，Ａ社とします）が登場します。Ａ社は，Ｔ社の技術を使って新スマホを格安で大量生産することを狙っています。そこで，Ｔ社株式を大量に取得して，Ｔ社の「筆頭株主」になりました。株主総会を開催してＴ社の旧経営陣を全員クビにして，Ａ社の取締役であるＢさんをＴ社の代表取締役社長に据え付けました。おぉ，頼もしい！　みんなが期待するヒーロー登場です。

しかし，Ａ社のホンネは……。

ずるいぞ！

　A社は，T社との間で集積回路の技術特許の譲渡契約を結びます。それも格安の値段で……。このときT社の代表はもともとA社の取締役でもあるBさんですから，A・T社の間の契約といっても結局ナァナァで進みます。もしT社の株主総会で文句が出ても，A社はT社の「大株主」ですから，「これでいいんだよ！」と押し切ってしまいましょう。これでA社は，実質的にT社の一番おいしいところをとても安ーく「奪う」ことに成功しました。

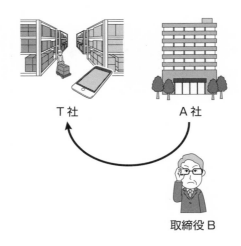

T社　　　　　　　　A社

取締役B

　「あとは野となれ山となれ……」。T社の膨大な借金など，A社の知ったことではありません。もちろんこれによってT社が潰れてしまえば，A社も保有する株式の価値が無に帰してしまうわけですから，被害をまったく被らないというわけではありませんよ。でも，T社が負担している膨大な債務を直接に支払うわけではあ

りません。A 社は「一株主」にすぎませんから。そう，A 社は株主の「有限責任」という特性の利点を使い倒していますよね！

　これに対して T 社の債権者はとんだとばっちりです。マッカッカに炎上して火の車となっている T 社で，唯一みるべき財産は特許権でしたから，債務の返済もそれをあてにしていました。ところが突然その期待が裏切られるわけです。

　これは救済なのでしょうか，はたまた A 社による略奪なのでしょうか……。

2　会社の分割

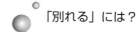

「別れる」には？

　ここまで述べてきたように，株式会社同士が「くっつく」ことがあるのだったら，当然ながら「別れる」こともあると思いませんか。芸能人の世界では，毎日のように「つきあっている」だの「結婚の予定がある」だの騒がれています。そして同様に，「別れる」だの「離婚秒読み」なども飽きるほど報じられています。実は株式会社の構造の中で，この「別れる」こと，ちょっと前までかなり大変だったのです。

　前提として，株式会社の場合の「別れる直前」の状況（芸能人だったら，さしずめ別居状態のときです）を解説しておきましょう。1991 年に始まるバブルの崩壊前，日本の経済はとても好況だったので，企業は事業運営の 1 つのパターンとして，「多角経営」を行うのが常でした。つまり 1 つの株式会社が複数の事業を行うのですね。「経営資源の効率的な分散」などともてはやされ，たくさんの会社がいろいろな事業を同時に展開したのです（そのた

めに他業種の会社同士が合併したりしました）。

　ところが日本が急激な不況に見舞われてから，企業に余裕はなくなりました。そうすると手のひらを返すように「経営資源の効率的な集中」とか，「コア・コンピタンス（中核的事業）」とかいう言葉が幅を利かすようになりました。スーパーを中心とした小売り事業を堅調に展開していたダイエーは，この多角経営で失敗してしまった典型だと言われています。とくにホテル事業を展開したことは，ダイエーの命取りになりました。もしダイエーが，無理と感じたときにホテル事業から撤退して，コア・コンピタンスであるスーパーマーケット事業に軸足を戻していれば……。タラレバは禁物ですが，多角経営が芳しくないときに，株式会社が「不採算事業部門」を切り捨てることは，とても重要な選択肢になるのです。

● 不採算事業部門の「子会社化」

　仮に今，スーパーを全国展開している A 株式会社がホテル事業にも進出しようとしましたが，うまくいっていないとしましょう。A 社はホテル事業をどうにかしたいと思っています。そこで，B 子会社を設立して，そこにホテル事業をそっくりそのまま「現物出資」することにしました（24 頁参照）。株式会社が設立するとき，もちろん「もとで」を集めなければなりませんが，それは必ずしも現金とは限りません。「財産」である限り，その価値に応じた株式を発行することができます。むしろ，「事業財産」の出資によって，B 社は設立したとたんに活動を開始することができますから，現金より便利です。これによって A 社は B 社の設立時に発行する株式を全部引き受けたことになり，B を子，A

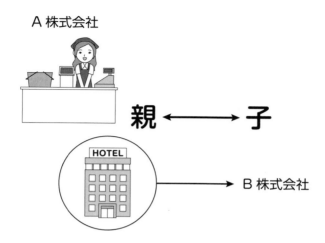

を親とする完全「親子会社」の関係が形成されます（これを，後述する人的分割との対比で「物的分割」と呼びます）。

　さぁ，これによってA社は晴れてホテル事業から縁を切ることができ……，たのでしょうか？　確かに子会社にホテル事業を移しましたね。でも親はいつまでも親，子の世話をしなければなりません。とくに，子会社の発行した全株式が親会社の「資産」になっていますから，親のA社は，儲けの出ない不良資産をいつまでも持っていなければならないという宿命から逃れることはできません。ですから，子会社を作って不採算事業部門と「別居」することはできても，親子関係が続く限り，完全な縁切りはできないわけです。

会社の真の「分割」

　バブル後の不況が続く時期，もちろん，不採算事業部門の処分

は企業の生き残りにとって喫緊の課題でした。平成11年に，この煮え切らないシステムをコペルニクス的に転換する制度ができました。「人的会社分割」という仕組みです。これによれば，A社はホテル事業を移管したB社と完全にアカの他人（他社？）になることができます。

　ただ，やり方はいたって簡単。まず，前に見た物的分割を行った会社を出発点とします。A社はB社の全株式を保有していますよね。繰り返しますが，これはA社の資産です。ですから，A社の株主にこれを配当することが可能です。配当は必ずしも現金で行う必要はありません。財産的価値がありさえすれば，なにを貰ったって株主はうれしいでしょ。ですからB社株をすべて株主に分けてしまいましょう。その結果どうなるかというと……。

　A社は，物的分割ではどうしても背中から下ろすことができなかった「B社というお荷物」を，一挙に「他の人」に任せることができるようになりました。えっ，誰？　この他人こそ，A社の株主です。要するに，A社の経営陣は，不振のホテル事業を，まず物的分割によってB社として切り離し，次に人的分割によってその「経営」の一切を株主に返上したことになります。つまり，A社の取締役会は，「俺たちゃ，好調なスーパーマーケット事業の『経営』だけに専念したいんだ。不振事業は株主さんたちの『所有』に返すね」という，いわば「大政奉還」を実施したのです。

株主もハッピー

　A社の株主にとってもこれは結構おいしいことです。最初は，スーパーマーケット事業とホテル事業を営むA社の株式を保有していました。でも，ホテル事業が足を引っ張って，思うように株

価が上がりません。人的分割によってスーパーのA社株とホテルのB社株を分けて保有することになりました。不振のB社株，値は低いでしょうけど，株式市場で簡単に売ることが可能です。もし将来性がないと考えるのなら，さっさと売りはらってしまいましょう。いくらかにはなるのですから。そしてA社の株に期待しましょう。「コア・コンピタンス」に「経営資源を効率的に集中」したのですから，儲からないはずがありません。A社株は順調に値を上げていきます。

B社は？　いつまでも面倒を見てもらえると思っていたA社経営陣には，冷たく見放されました。新たに（？）所有者となったA社株主も，次々とB社株を手放します。いつのまにか，B社の株主構成はA社のそれとは異なる人たちになっていました。もはやA社ばかりではなくA社株主ともまったくかかわりがなくなりました……。捨てられて路頭に迷ってしまう……。いえいえ，A社株主からB社株を買った人々は，もしかしたらB社のホテル事業の回復に秘策を持っているのかもしれません。つまり，B社の建て直しをもくろんでいる株主かもしれないのです。世の中広いのです。捨てる神あれば拾う神あり。A社にばかり頼っているよりも，B社のためになることだってあります。

というわけで，人的な（株主のレベルにまで遡るので，「所有者」という意味で人的というのです）会社分割は，単なる別居のような不自然な事業分離を解消し，円満離婚を可能にするとても便利な会社再編策として期待されているのです。

泥　舟

　もっとも，不採算な事業部門に会社の余剰人員も余剰設備も過剰債務も，みーんなまとめて，Ｂ社に押しつけてしまうと，分割後のＢ社が「泥舟」になってしまうおそれもあります。つまり，Ａ社が「いいとこどり」して，Ｂ社だけを沈めてしまおうという意図で分割を利用するのです。とくに泥舟に乗せられてしまう従業員や会社債権者は踏んだり蹴ったりですから，これらの関係者が「無理やりに」Ｂ社にくっつけられないように，法律は様々な手段を講じています。

3　非情でしょうか？

　さて，以上に見てきたような株式会社の「再編」のための策，読者のみなさんはどのように感じますか。

　株式保有をうまく使って，自らは有限責任で守られながら（**1**の例），あるいは採算部門だけを純化して（**2**の例），結局は子会社を切り捨てていく……。そんな非情なことがあるか，と憤る方がいるかもしれません。

　でもちょっと見方を変えると，吸収合併で男気を出した会社は，抱え込んだ会社の債務があまりに大きすぎたため，結局自分も共倒れになってしまうかもしれません。そのような懸念から，「弱っている会社を助けようとする会社」が二の足を踏んでしまえば，社会全体として企業活動が低迷するようになってしまいます。前述のＴ社がただ倒産してしまえば，その集積回路の特許，どこかに持ち去られてしまって，真にそれを必要とする会社には回ってこないかもしれないのです。

　また，不採算事業部門を子会社にしたものの，いつまでも代わり映えのしない経営に従わせていたのでは，結局芽が出ません。いっそ，まったく違う人たちに所有のレベルから任せてしまった方が，子会社のためかもしれません。

　つまり，1つひとつの会社を見るととても非情なように思われますが，企業社会全体から見ると，これらの再編策をたくさん用意しておく方が「効率的なリソースの配分」ができるのです。企業の再編とは，そのような視点から眺めなければならないものなのです。

Unit 22　会社法の大スペクタクル
──敵対的企業買収

1　敵対的企業買収って？

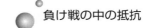
負け戦の中の抵抗

　時は慶長19年，20万の軍勢をもって徳川家康は怒濤のように大阪城に攻め寄せます。これに対して，智将・真田幸村は，たった5000の兵力で有名な砦「真田丸」を駆使し，徳川軍を翻弄します。これが大きな原因となって，家康は豊臣側といったん和睦することを余儀なくされました。言わずと知れた大坂冬の陣ですね。でも，結局は時の流れに逆らうことはできず，豊臣は翌年の夏の陣で壊滅することになりますから，真田幸村はしょせん「負け組」だったわけでしょ。なのに，勝った家康が霞んでしまうほどカッコいいキャラに祭り上げられています。どうもわれわれ日本人は，負ける運命の中の抵抗っていうシチュエーションに大いに萌えるようです。

　負け組は抵抗なんかしちゃいけないんだよ！　こう言ったら，せっかくの盛り上がりに冷水を浴びせることになるかもしれません。でも，株式会社をめぐるバトル，いわゆる敵対的企業買収の世界では，「負け組は抵抗禁止」というスローガンが理論的に正しいとされる可能性があります。ちょっとギョッとしますね。どのような理屈からそうなるのか，興味シンシン。実は敵対的企業買収というバトルの話，これまでこの本で見てきた株式会社のエ

ッセンスがぎゅっと詰まったお得パックです。それだけに，話が
ジェットコースターのようにあちこちに急展開しますから，みな
さん，振り落とされないようにしっかり安全バーにつかまってい
て下さいね。

所有と経営の分離と友好的提携関係
──「経営」のレベルでお友達

　株式会社を，レストランにたとえれば，雇われシェフである取
締役たちがおいしい料理を作って集客に成功していると，店の所
有者（株主）たちは安心してこのシェフに自分のもとでを委ねる
ことができます。ちょっと意地悪な言い方をすると，「楽して他
人の努力によって儲けよう」と考えるわけです。**Unit 7** で見たよ
うに，所有しているけどそれを支配とは直結して考えない「大衆
投資家」（≒無機能株主）が株式会社の「所有」の主役を演じてい
るわけです。ですからこのときは店そのものの「所有」は，ほと
んど注目を浴びないのです。

　ところが，なんらかの理由で，この店と「一緒にやりたい」と
思う勢力が登場することがあります。それはたとえば同業のライ
バル会社であったり，異業種参入を狙う大会社であったり，また
いわゆる「投資ファンド」であったり……。**Unit 7** で触れた言い
方をすれば，この人（勢力）たちはヤルちゃんや虎視たんたん型
ノルちゃんです。

　株式会社で所有と経営が分離していることはこの本の最重要テ
ーマの1つでした。この人（勢力）たちはまず雇われシェフ（た
ち）に声をかけます。「ねぇ，俺の店と一緒にやらない？」。これ
は，「経営」のレベルでの働きかけですね。この店を切り盛りし

ているのはシェフですから，一緒にやろうとすれば，彼らに声を
かけるのが手っ取り早いのです。もしこれでシェフが「いい
よ！」と応じると，申し出た人（勢力）とこの店は，お友達関係
になります。よく株式会社同士の「業務提携」とか「資本提携」
があったとニュースになりますね。それは，このレベルでお友達
ができましたということを意味します。

所有と経営の分離と敵対的バトル関係
——「所有」のレベルへ

　ところが，この店のシェフたちはさすが料理人だけあって，み
んな一癖も二癖も持つ人ばかりです。「やだよ，なーんで俺たち
がお前と一緒にやらなきゃならないんだよ」と申し出を断ります。
あらら……。

　なんだよ，生意気な！　俺様のせっかくのプロポーズを袖にし
やがって。プロポーズした人（勢力）は，とても怒ります。これ
がバトルのはじまりです（プロポーズを断られて怒るなんて，かな
り勝手なヤツですが，しょせん企業世界っていうのは，そんな勝手な
ヤツらばかりが跋扈するところです）。さぁ，彼（ら）はどういう攻
撃にでるでしょうか。断ったシェフたちを殴って脅して翻意させ
ますか？

　そんな野蛮なことはしません。そもそも，雇われシェフ（＝取
締役）が，勝手に店（＝株式会社）を切り盛りできるのはなぜで
しょう。この本をここまで読んできたみなさんなら，答えは簡単
に出せます。株主総会で多数決によって経営を任されたからです
ね（くどいようですが，**Unit 7** を読み返してみて下さい）。だったら，
株主総会を牛耳って，生意気な現在の取締役をみーんなクビにし

て，自分たちに都合のいい取締役を選任し直せばいいのです。株式会社という畑を大いに利用して，自分の思うとおりに牛耳ればいいわけです。この発想に従えば，彼（ら）が現在の経営陣をギャフンと言わせるためには，株主総会で絶対的勢力を得るという攻撃が必要です。これは，「所有」のレベルの話になります。

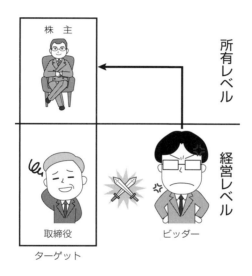

株主

所有レベル

取締役　　　　ビッダー

経営レベル

ターゲット

　ビッダーとターゲット

　このケンカで，怒っている方をビッダーと呼びます。この語は本来は「落札人」，つまりオークションで欲しい物を「競り落とす」人のことを意味します。そして，このビッダーが欲しがっている株式会社をターゲットと呼びます（そのまんまですね……）。人気があるターゲットだと，ほんとにビッダーが何人（何組）も登場して，オークションのように値段がつり上

ることがあります。

● **戦場——公開買付**

　ここであらためて注意していただきたいのは，このケンカは，ビッダーと「ターゲットの経営陣」との間で勃発したことです。つまり，とくにターゲット会社にとってはあくまで「経営」レベルのバトルなのです。それなのに，ビッダーの攻撃は「所有」のレベルで行われます。めざすのは，現在の取締役を全員クビにすること。そして，その上で自分の思うがままに動く「傀儡取締役」を選任し会社に送り込むこと。もちろん，現経営陣をクビにできるなら，パペット取締役を選ぶのも可能です。取締役の解任も選任も，株主総会の決議によりますからね。それには，株主総会で絶対的に過半数を占めなければなりません。そこでビッダーは，発行されているターゲット会社の株式の51％の取得をめざして，大規模な攻撃をしかけます。

　このようなバトルが勃発してしまった会社の株式，確かに株式市場でも買い集めることができます。しかし，株式市場という近代都市の中で，ゲリラ戦のようにビッダーが散発的に株式の買取りを行うと，株式市場は大迷惑です。ターゲット会社の株式の受給バランスが大きく崩れ，市場全体の「健全性」が害されるおそれが大です。そこで，このようなバトルのターゲットとなった会社の株式は，どこか別のバトルフィールドにいってもらうことにしました。そのために用意されたのが，「公開買付」という制度です。簡単に言うと，ビッダーは，「さあ，これから私は，ターゲット会社の株式を51％まで大量に買い集めるよ」と宣戦布告

をするのです。これによって，ターゲット会社の株式は「戦時株式」となり，バトルフィールドに乗ったことが明らかになりますから，市場は高みの見物をすることができるようになります。

このように，株式会社の株式の取得により株主総会での支配権を獲得するためのバトルを，「敵対的企業買収」と呼びます。

2 負け組は抵抗しちゃダメだよ！
──理屈版ストーリー

● イヤがる株主から無理やり……？

まず考えてみたいのは，この敵対的企業買収が「良いこと」なのか「悪いこと」なのかという点です。なーに言ってんだよ。イヤがる相手から無理やり強奪しているんだから，悪いことに決まってんだろ！　ほんと？　よーく考えてみましょう。まず「相手」って誰のことでしょうか。そして本当にイヤがっているのでしょうか？

ビッダーが株式を買い集めるのは，当然のことながらターゲット会社の「株主」からです。株主は，ビッダーが「お嬢（株式）さんを下さい」と申し込んできたとき，はなから「お前のようなどこの馬の骨ともしれないようなヤツには，絶対に娘（株式）をやらん！」と，頑固親父的な対応をするんでしょうか。いいえ，**Unit 7** で株主がいつもどういう姿勢でいるかについて見ましたよね。そう，株主は浮気者。株式会社の持ち主のくせに，自分で経営者を叱咤激励して（場合によってはクビをすげ替えて）経営を改善して儲けをバンバン還元してもらおう，とは思わないのでしたね。イヤになったら，株式を売っちゃって，バイバイ……。株主

は，株式会社という椅子にしっかりと腰掛けずに，いつもケツを浮かしています（下品な表現でごめんなさいね……）。①このまま株式を持っていて，もしかするともっと配当が良くなって……，という将来の株式の価値上昇を待とうか，②今，多少良い値段がついたらサッと売ってしまおうか……。いつの瞬間でも迷っているのです。

　さあ，そうなるとビッダーは馬の骨どころではありません。上の②の「多少の良い値」を提供してくれそうな，とても有望な「買い手」候補になります。なにしろ，ビッダーにしてみれば，とにかく早く株式をかき集めたいわけですから（戦争をしているんです！），平時の価格（冷静に企業の状態から見て今の株式はこのぐらいの価値だよという値段≒市場価格）よりは，イロをつけても買いたいと申し出るでしょう。株主が「うーん，どうしよっかな……」と焦らせば，もっと買値をつり上げてくれるかもしれません。ビッダーの「相手」である株主は，決してイヤがってなんかいません。

● バトルは，どんなターゲットで起こる？

　もうちょっと掘り下げて考えてみましょう。上で述べた株主の「ケツの浮き」には，程度の差があります。A株式会社では，今の経営陣がとてもうまく経営を切り回していて，株主はいつも配当をオナカ一杯もらっています。おかげで株式の市場価格も着実に上昇中です。そんな会社の場合，株主は結構深く腰掛けており，すぐには逃げ出そうとしていません。ところが，別のB株式会社では，今の経営陣がとてもおバカで，せっかく設備も最新，働く人材も優秀なのに，イマイチ儲けが出ません。「トップがおバ

カだと，ちっともおいしくないナァ……」と，働く有能なヒューマンリソースだけではなく，株主もそう思って嘆いているんです。そんな会社の場合，株主はほとんど浮き足立っています。もう椅子になんか掛けておらず，そわ

A社の株主　　B社の株主

そわと逃げ出す機会をうかがっています。

　さて，ビッダーからしたら，じっくり腰掛けているA社の株主から株式を買い取るのは至難のわざです。「えー，キミそんな金額でボクの持っている株式を買おうっていうの？　ネゴトいうんじゃないよ」って追い返されてしまうでしょう。それになによりも，そういう会社の株式を大量に集めて，これ以上どうしようっていうんですか？　今の経営陣が最高の利益を上げているのですから，ビッダーが自分で会社を支配しても，それ以上の利益なんか出せません。

　対照的に，そわそわ逃げ出したい株主ばかりのB社の場合，ビッダーはそれほど高い値をつけなくとも（ただし，市場で売らせずにビッダーに多くの株主を魅きつけるためには市場価格よりは上でないとダメですよ），容易にソワソワ株主たちから大量の株式を取得することができます。そして，ターゲット会社を支配したら，今のおバカな経営陣をクビにして，自分か仲間の誰かを新しく経営陣にして，もっともっと利益が上がるように奮迅の努力をします。

　　　　　　　　　　　　　　　　　　ビッダー，GJ！

　したがって，そもそも敵対的企業買収は，B社タイプの会社ば

かりで起こることです。だとすれば，逃げ出したい株主にとっても，おバカな経営陣のクビをすげ替えてもっと利益を上げようと考えているビッダーにとっても，おいしい話じゃないですか！これこそ Win-Win の関係ってやつです。しかも，そういう企業買収がどんどん促進されると，世の中は経営効率のいい会社ばかりであふれます。ビッダーが勝手に利益の上がっていない会社を探して，その経営を改善してくれるのです。そうして，とうとうA社タイプの株式会社ばかりが世の中に蔓延したところで，敵対的企業買収は収束します。なーんだ，敵対的企業買収って，企業社会の「世直し」じゃないの！

　ビッダーこそ，正義のヒーロー！　株式会社世界で経営の効率という最高の目標を達成するために，いつもB社タイプの会社に立ち向かう「仮面ライダー・企業版」なのです。「出たな，おバカ経営陣！　キサマらの無能経営もここまでだ，鉄槌をくらえ！」とB社タイプの経営陣をやっつけてくれます。ビッダー，グッド・ジョブ！

　さあ，そうなると今のおバカな経営陣は完全に「悪役」です。ただ，地獄大使にしても死神博士にしても，仮面ライダーの宿敵は黙ってやられていることなんかありません。必ず強力な力で反撃してきます。企業買収の場合も同じです。所有と経営の分離と

内部取締役の跋扈によって独裁体制を築いてきたターゲット会社の経営陣は，「経営者支配」を駆使して（**Unit 7** と **Unit 17** を思い出してね），自分たちの取締役としての地位を死にものぐるいで守ろうとします。

買収に対する抵抗──ホワイト・ナイトへの新株発行

　日本でよくある具体例を挙げてみましょう。敵対的企業買収の
ターゲットになった会社の取締役会は，自分たちに都合のいい引
き受け手，つまり「絶対にビッダーに株式を売らない第三者」を
探し出して，その人（たち）に新株を発行します。窮地にある
（?）経営陣を救ってくれる新株主サマサマという意味を込めて，
この第三者を俗に「ホワイト・ナイト（白馬の騎士)」と呼んだり
します。ターゲットの発行済株式のうち，30% の株式がすでに
ビッダーの手に渡ってしまいました。このままいくと，俺たちゃ
クビになってしまう……。急いで取締役会を開いて，50% の新
株を，ホワイト・ナイトに割り当ててしまおう。そうなると，ビ
ッダーの持分割合は，30/100 から 30/150 に落ちてしまいます。
これは効果的な防御ですね。ライダーキックも跳ね返すことがで
きます！

　Unit 11 の最後で，「『好きな者』をひいきしすぎると……」なん
て言って，かなり気をもたせてしまいました。ごめんね。本
Unit で補完すると，取締役の第三者割当の意味がよーくわかる
ようになりましたね。会社法は，「資金調達」を着実に行うため
に，新株の発行を決める権限を株主総会ではなくて取締役会に与
えました（この原則については，**Unit 11** をしっかり読み直して下さ
い)。ですから取締役会は，株主総会を開催しなくても，勝手に
第三者割当を行うことができます。たまたまその第三者がホワイ
ト・ナイトだっただけの話です……。

● ターゲット会社の経営陣はヨコシマ取締役！

　ターゲット会社の経営陣が，このようにホワイト・ナイトへの新株発行で仮面ライダーに「対抗」することに，会社法はどのように対処すればよいのでしょうか。まずなによりも，このターゲット会社の経営陣の行動は，忠実義務違反です。資金調達をうたっていますが，本当は「自分が株主総会で解任されないように……」。ですから，タテマエ上は会社の取締役としての地位を利用して，ホンネのところでは取締役が自分のエゴを通してしまいます。

　Unit 19 で見たように，ヨコシマ取締役がやりそうな行動はパターン化することができ，どの株式会社にも共通した倫理マニュアルでこれに対応することができます。会社法はいくつかのパターンを用意していますが，それら古典的パターンに加え，時代とともに新しいパターンが出てくることもあると思いませんか。商法・会社法の立法当時，ヨコシマ取締役が，その権限で「自分をクビにする勢力に抵抗する」という構図は予想もできなかったのかもしれません。しかし，実際に敵対的企業買収の局面では，まさに絵に描いたような利益相反が生じる危険があります。しかも，どんな会社でも一様に買収のターゲットになる可能性があります。ですからパターン化もばっちりですね。このことから，ターゲットの取締役は必ずヨコシマ取締役とみなされて，忠実義務に違反するという見方をされます。そんな取締役の抵抗は，「悪あがき」以外のなにものでもありませんから，当然にダメよということになるのです。

「著しく不公正な」新株発行

　新株発行に関する会社法の規制の中にも、この忠実義務違反を前提とする対応策が設けられています。何度もいいますが、取締役会は、ほんとは会社の事業に追加的なもとでなんか必要ないにもかかわらず、単に自分たちに都合のいい株主を大量に生み出して、クビになるのを阻止するためだけに新株発行を「利用」したのです。要するに、株主のための資金調達をそっちのけで、自分の「保身」に走ったヨコシマ取締役……。こいつらには、きつーいお仕置きが用意されています。株主（とくにビッダー）は、「お前らのやっていること、とっても不公正だよ！」といって、このような第三者割当の新株発行手続きを止めさせることができます（差止請求）。おお、やっぱり正義は勝つ！

新株予約権はもっと悪い

　ターゲットの取締役（会）が、ホワイト・ナイトに「新株予約権」を大量に割り当てることで、ますます簡単にこの抵抗が実現できるようになってしまいました。新株予約権には「適正な発行価格」というものがありません。だって、将来の株価を予想して、しかもそれでバクチをやるわけですよね。発行の適正な価格なんて絶対にわかるはずはありません。発行会社が「負ける」確率が高い（つまり将来の株価が約束した払込価格よりも高くなる）場合、予約権も値段が上がるでしょうし、逆なら（将来の株価が約束価格よりも低くなる確率が高い）予約権の発行価格も二束三文でしょう。でも、その確率そのものがわからないから、バクチは面白いんでしょ。はじめから、「このバクチの権利、この発行価格が正しい値段だよ」なんて決められるはずはありません。ですから、買収攻撃を受けたターゲット会社の取締役（会）は、ほとんどタダでこの予約権をホワ

イト・ナイトに発行することが多いのです。しかも，ビッダーがそれにビビって攻撃をやめたら，ホワイト・ナイトは予約権を行使する必要もありません。えっ，それって，ターゲットの「資金調達」なんかまったく考えられていないですよね。

3　まあ，理屈の上ではね。でも……
──現実版ストーリー

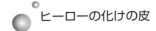

ヒーローの化けの皮

　しかーし，ほんとにビッダーは正義のヒーローなのでしょうか？　ちょっと意地悪ですが，仮面ライダーの化けの皮をはがしてみましょう。

　第1に，いかにB社タイプの株式会社の株式とはいえ，その時の市場価格を上回る金額で大量に（最低51％は）買い集める必要があります。もちろん，大金を用意しなければなりませんね。ビッダーが大金持ちでない限り，この大金は銀行などから「借りて」くることになります。そうなると，たとえ買収に成功して経営改善を達成したとしても，利益を元利の「返済」に充てなければなりません。おまけに銀行は，一か八かの買収勝負に乗り出すビッダーに，「こんなことにお金貸すの，ウチしかいないよ」といって恩着せがましく貸し付けたでしょうから，当然に高い金利をとります。経営改善によっていくら利益が上がるようになっても，それはみんな利息支払に消えてしまうのです。アメリカでは実際に，返済に苦しむのはイヤだから，せっかく買収に成功したターゲット会社をサクッと売り払って，一気に元利を返しちゃったようなビッダーもいました。いったい，なんのために企業買収

したのよ？

　第2に，本気で買収する気があるのかどうか，が問題です。ビッダーは，「これから，お前のことクビにしちゃうぞ～」とターゲットの経営陣を脅かしながら，まとまった量の株式を買い集めます。ターゲットの取締役たちは震え上がっています。そのとき，「どうだ，俺様の怖さ思い知ったろ。ついては，俺の買い集めた株式，買い戻さないか？」とターゲット経営陣に提案します。この軟弱野郎！　でも，この先こんなヤツが結構な量の株式を持ち続けているとすれば，目の上のタンコブになってしまいますから，怖じ気づいた経営陣は，買い戻しに応じてしまうでしょう。もちろん，買い戻し値は，ビッダーが言ってきた値段，つまり買い集めたときの金額よりも高い金額を支払います（これをグリーンメールといいます）。おい，ビッダー！　お前，ほんとはこれがやりたかったんだな！

　うわー，醜聞まみれの正義の味方，すっかり地に墜ちてしまいました……。

● ターゲットの経営陣はイイやつ？

　さあ，そうなると一生懸命に会社経営にあたっている経営陣としては，エセ仮面ライダーによる敵対的企業買収は，経営の「じゃま」以外のなにものでもありません。とくに上の第2の「買い戻し」を画策しているのだとすれば，敵対的企業買収のターゲットになるのは，なにもB社タイプの会社ばかりではありません。腹黒いビッダーは，ちょっとムリしてたくさんの株式を買い集めても，すぐにそれよりも高い金額で買い戻させることができるのですから，優良なA社タイプの会社でさえターゲットにされて

しまうおそれがあります。腹黒ビッダーの株式買い集めは，このような優良企業の正しい「経営政策」や高い「経営効率」を脅かすことになってしまいます。よく言われている言葉を使えば，要するに「企業荒らし」ですね。

　ですから，こんなエセ正義の味方の攻勢には，きっちりと反撃しなければなりません。たとえばホワイト・ナイトへの新株の第三者割当は，ターゲットの取締役たちが自らの地位にしがみつきたいからやるのではありません。つまり忠実義務違反にはならないということですね。むしろこの第三者割当は，会社の財産，ひいては株主の利益（ただしビッダーを除く）を守るために，取締役としての善良なる管理者の注意義務（**Unit 18**）を最大限尽くすという決意表明なのです。ビッダーがこの第三者割当を差し止めようとしても，そうは問屋がおろしません。お前のようなブラック・ヒーローに，うちの会社の経営をかき回させはしないぞ！どうどうと防衛策をとれるようになります。

どっちが本当なの？

　理屈版ストーリーと現実版ストーリーでは，正義の味方と悪役の立場が，すっかり逆転しています。ビッダーとターゲット会社の経営陣，いったいどちらが「正しい」のでしょうか？　この点の判断は，日本の裁判所にとって，とても難しいことの1つです。日本ではこれまでに述べたように，ホワイト・ナイトへの新株第三者割当（あるいは新株予約権の第三者割当）が防衛策としてよく用いられます。ほとんどの場合，ビッダーの側から，「おい，その第三者割当，ターゲット会社の経営陣の忠実義務違反なのだから，やめろよ！」という形で訴訟が起こされます。それに対して，

ある事件では,「うん,そうだね。ターゲットの取締役たちは自分の保身のために悪あがきしちゃダメだよ」という判断がなされたこともあります(差止請求の肯定)。でも別の事件では,「ビッダーが企業荒らし(判決では「濫用的買収者」などといわれます)なんだから,割り当てちゃってよろしい」という判断が下ったこともあります(差止請求の否定)。それらの裁判所の判断の根底には,理屈版ストーリーと現実版ストーリーがせめぎ合っている混乱があるのですね。

さて,この会社法的大スペクタクル活劇,みなさんは,どちらのストーリーが正しいと思いますか?

Epilogue

　♪ダンスはうまく踊れ〜ない〜♪　なんていう曲がありますが，ここまでついてきて下さったみなさん，もう会社法のダンスは結構うまく踊れるようになったはずです。

　ただ，ひとつ注意していただきたいことがあります。確かに，様々なダンス・ステップを覚えました（**Part 1**）。ファイナンス・パーティー（**Part 2**）とガバナンス・パーティー（**Part 3**）という大舞踏会で場数も踏みました。そしてとうとう，会社法の最もダイナミックなダンスを試される豪華パーティー会場でも踊ってみました（**Part 4**）。でも，決してそれで満足してはいけません。会社法は，常に発展・変容していく実際の企業活動に即応しないといけない法律です。ですから，この先も様々な改正や修正が施されていくはずです（そのような現代的な変容については，この本のいくつかの箇所でも垣間見たとおりです）。ですから，これから会社法を駆使していくためには，この本で修得した内容を杓子定規に適用するだけでは通用しないこともあるかもしれません。えっ？　この本だけじゃ，まだダメなの？

　いえいえ，そんなに心配することもありません。ソシアルダンスはラテンアメリカに渡って，ルンバからマンボ，マンボからチャチャチャへと発展します。でも，そのおおもとは，なんといってもヨーロッパのワルツ！　ですから，ダンスを華麗に踊る基本は，なんでもかんでもワルツのステップにあります。同じように，

みなさんが会社法の理解に窮したら，この本に戻って基本ステップを思い出しましょう。ファイナンスやガバナンスで，株式会社の仕組みに，一見してとっても難しそうなモノが登場してきても，びびることはありません。この本で，基本ステップを完全に自分のモノにしたじゃありませんか。えっ？　忘れちゃった？　そのときは……。大塚センセイの「会社法ダンス教室」は年中無休で，みなさんが再び帰ってくることを待っています。

　それではみなさん，いったんサヨウナラ！

さくいん

著者紹介

大塚英明（おおつか　ひであき）

　1956 年生まれ。早稲田大学法学部助教授，同教授を経て，
現在，早稲田大学大学院法務研究科教授

　主著
　有斐閣アルマシリーズ『法の世界へ〔第 8 版〕』（共著，2020
年），有斐閣アルマシリーズ『商法総則・商行為法〔第 3
版〕』（共著，2019 年）

会社法のみちしるべ（第 2 版）

2016 年 3 月 25 日　初　版第 1 刷発行
2020 年 9 月 20 日　第 2 版第 1 刷発行
2023 年 12 月 25 日　第 2 版第 3 刷発行

著　　者　　大　塚　英　明

発 行 者　　江　草　貞　治

発 行 所　　株式会社　有　斐　閣
　　　　　　郵便番号　101-0051
　　　　　　東京都千代田区神田神保町 2-17
　　　　　　https://www.yuhikaku.co.jp/

印刷・株式会社理想社／製本・牧製本印刷株式会社
©2020, Hideaki Otsuka.
Printed in Japan
落丁・乱丁本はお取替えいたします。

★定価はカバーに表示してあります。

ISBN 978-4-641-13837-7